カロリン・エムケ

憎しみに抗って

不純なものへの賛歌

浅井晶子訳

みすず書房

GEGEN DEN HASS

by

Carolin Emcke

First published by S. Fischer Verlag GmbH, 2016

Japanese translation rights arranged with
S. Fischer Verlag GmbH through
The Sakai Agency Inc.

憎しみに抗って＊目次

憎しみに抗って

不純なものへの賛歌

マルティン・ザールへ

あらゆる正義は言葉とともに始まるが、だからといって、
あらゆる言葉が正義であるわけではない。
——ジャック・デリダ

正確に観察するとは、細分化することである。
——ヘルタ・ミュラー

はじめに

私は深い泥沼に沈み、
足がかりもありません。
私は深い水底にはまり、
奔流が私を押し流します。
叫び疲れ、
喉は嗄れはてました。
神を待ちわびて
目は腫れあがりました。
ゆえなく私を憎む者たちは、
私のこの髪よりも多いのです。

詩篇六九　三—五

ときに私は、彼らをうらやむべきだろうかと考える。ときに、どうしてだろうと考える——どうしてあんなふうに憎むことができるのだろうと。どうしてあれほど確信が持てるのだろうと。そう、なにかを憎む者は、確信を持っていなければならない。でなければ、あんなふうに話し、あんなふうに傷つけ、あんなふうに殺すことなどできない。あんなふうに他者を見下し、貶め、攻撃することなどできない。憎む者は、確信を持っていなければならない。一片の疑念もなく。憎しみに疑念を抱きながらでは、憎むことなどできない。疑念を抱きながらでは、あんなふうに我を忘れて憤慨することなどできない。憎むためには、完全な確信が必要なのだ。「もしかしたら」と考えてはならない。「あるいは」と考えてしまえば、それが憎しみのなかに浸透し、よどみなく流れるべき憎しみのエネルギーをせき止めてしまう。

憎しみとは不明瞭なものだ。明瞭にものを見ようとすれば、うまく憎むことができなくなる。優しい気持ちが入り込み、よりよく見てみよう、よく耳を傾けてみようという意志が生まれる。ひとりひとりの人間を、その多様で矛盾した特徴や傾向まで含めて、生きた人間として認識するための差異が生まれる。だが、一度輪郭がぼかされ、一度個人が個人として認識不能になれば、残るのはただ憎しみの対象としての漠然とした集団のみであり、そんな集団のことなら、好きなように誹謗し、貶め、怒鳴りつけ、暴れることができる。「ユダヤ人」「女性」「信仰のない者」「黒人」「レズビアン」「難民」「イスラム教徒」、または「アメリカ合衆国」「政治家」「西側諸国」「警官」「メディア」「知識人」(1)。憎しみの対象は、恣意的に作り出される。憎むのに都合よく。

憎しみには、上に向けられるものと下に向けられるものがあるが、いずれにせよ必ず目線は縦方向だ。自分より「上のやつら」、または「下のやつら」、いずれにせよ彼らは「自分たち」を抑圧または脅迫する「他者」である。「他者」とは、危険な権力だとされるもの、または価値が劣ると考えられるものである——こうして、のちに虐待や殲滅が起きても、それは、単に「許される」行為であるばかりか、「必要な」行為でさえあったと過大評価されることになる。「他者」とは、罰を受けることな

く中傷し、蔑み、傷つけ、殺すことさえできる対象なのだ。(2)

こういった憎しみを自分の身をもって受ける者たち、通りで、またはインターネット上で、夜に、または昼日中に、こういった憎しみにさらされる者たち、歴史上延々と続いてきた蔑みと虐待の言説を耐え忍ばねばならない者たち、死ね、犯されろと言われ、それどころか殺してやる、犯してやるというメッセージを受け取る者たち、人権を部分的にしか認められず、身体や頭を覆い隠す服を蔑まれ、攻撃を受けるのではという恐怖から変装せざるを得ない者たち、家の前に暴徒化した群衆がいるせいで外に出られない者たち、学校やシナゴーグを警察に守ってもらわねばならない者たち――憎しみの対象となったこれらすべての者たちは、そんな状態に慣れることなどできないし、慣れたいとも思えない。

もちろん、周りから異質だと見られる人間に対する水面下での反感は常に存在した。だがそれらは必ずしも憎しみだとは感じられなかった。ところが、現在ドイツ連邦共和国において見られる反感は、ほとんどが社会的な常識の範囲を超えている。ここ数年で、そろそろ寛容な態度も限界に来ているのではないか、異質な信仰、異質な外見、異質な愛情を持つ者たちもそろそろ満足すべきではないのか、という不快感が口に出されることも多くなった。ユダヤ人にしろ同性愛者にしろ女性にしろ、少しくらい満足しておとなしくなるべきではないか、なにしろここまでいろいろなことが許されているのだから、という、大っぴらでこそないが、はっきりとした非難が存在する。まるで平等には上限があるかのように。まるで女性や同性愛者は、あるところまでなら平等であることを許されるが、それ以上はだめだ、とでもいうように。完全な平等？　それはちょっと行き過ぎだろう。そんなことになったら、……本当にみんな同じになってしまうではないか。

こういった、謙虚さが足りないという奇妙な非難は、すでに実現した寛容さに対する自画自賛と水面下で結びついている。まるで、そもそも女性が職業を持つのを許されることが、特別な成果であるかのように——それなのに、なぜ男性と同じ賃金まで求めるのか？　まるで、同性愛者が犯罪者として刑務所に収監されないことが、褒めたたえられるべきであるかのように。そろそろ感謝してもらってもよさそうなものだ、というわけだ。同性愛者が自分たちどうしで勝手に愛し合う分には構わない。だがどうして公的に結婚までしなければならないのだ？(3)

こういった中途半端な寛容さは、イスラム教徒に対してはしばしば、この国で暮らすのは構わないが、イスラム教を信じることは好ましくないという形で表明されてきた。信教の自由が受け入れられるのは、それがキリスト教を指す場合に限られることが多かった。さらにこの数年で、延々とホロコーストに向き合うのもそろそろ終わりにすべきだという意見がより頻繁に聞こえてくるようになった。まるで、アウシュヴィッツの記憶には賞味期限があるとでもいうかのように。ナチスの犯罪に対する反省は、一度見たきり忘れてしまって構わない観光アトラクションなのだろうか。

実際、ドイツ連邦共和国ではなにかが変わった。以前より公然と、躊躇なく、憎しみが表明されるようになった。ときには微笑みとともに、ときには真顔で、だがあまりにも堂々と恥知らずに。匿名の脅迫状なら以前からあったが、今日では差出人の名前と住所が書かれたものが送られる。インター

読者カード

みすず書房の本をご購入いただき，まことにありがとうございます．

書　名

書店名

・「みすず書房図書目録」最新版をご希望の方にお送りいたします．

（希望する／希望しない）

★ご希望の方は下の「ご住所」欄も必ず記入してください．

・新刊・イベントなどをご案内する「みすず書房ニュースレター」（Ｅメール）をご希望の方にお送りいたします．

（配信を希望する／希望しない）

★ご希望の方は下の「Ｅメール」欄も必ず記入してください．

（ふりがな） お名前　　　　　様			〒
ご住所	都・道・府・県	市・郡 区	
電話　（　　　　）			
Ｅメール			

ご記入いただいた個人情報は正当な目的のためにのみ使用いたします．

ありがとうございました．みすず書房ウェブサイト https://www.msz.co.jp では刊行書の詳細な書誌とともに，新刊，近刊，復刊，イベントなどさまざまなご案内を掲載しています．ぜひご利用ください．

郵便はがき

料金受取人払郵便

本郷局承認

4150

差出有効期間
2022年5月
31日まで

113-8790

東京都文京区
本郷2丁目20番7号

みすず書房営業部 行

通信欄

（ご意見・ご感想などお寄せください．小社ウェブサイトでご紹介させていただく場合がございます．あらかじめご了承ください．）

ネット上でも、暴力の妄想や憎しみの書き込みは、もはやハンドルネームの陰に隠されてはいないことも多い。もし数年前に、私たちのこの社会で再び人がこんなふうに話すときが来ると想像できるか、と訊かれていたら、ありえないと答えただろう。公共の場での議論がこんなふうに野蛮になるとは、こんなふうに際限なしに人間に対する誹謗中傷がまかり通るようになるとは、私には想像もつかなかった。人間同士の会話とはどうあるべきかというこれまでの一般的な常識が、ひっくり返されたかのようにさえ見える。まるで、人間同士の付き合い方の基準が、まったくの正反対になってしまった──つまり、他者を尊重することを単純かつ当然の礼儀作法だと考える者のほうが、自分を恥じねばならない──かのようだ。そして、他者を尊重することを拒絶し、それどころか、できる限り大声で誹謗や偏見を叫びたてる者こそが、自分を誇らしく思っているように見える。

だが私は、なんの制約もなく人を怒鳴りつけ、侮辱し、傷つけることが許されるのを、文明の発展の結果だとは思わない。自身の卑少な内面を外部へと投影することが許されるのを、進歩だとは思わない。最近ではそういうふうに自身のルサンチマンを外へと露出することが、公的な、それどころか政治的な重要性をさえ持つとされるようになっているが、多くの人たちと同じように私もまた、そんな風潮になじみたいとは思わない。憎しみをなんのためらいもなく表現したいという新たな欲求が、当然のものになるのを見たくはない。この国でも、ヨーロッパでも、それ以外の場所でも。

そもそも、本書で取り上げる憎しみは、個人的なものでも偶然の産物でもない。ついうっかり、または本人たちに言わせればやむにやまれぬ必要性にかられて口にされる、あいまいな感情などではない。ここでの憎しみとは集合的なものであり、イデオロギーという器に入っているものだ。憎しみには、それを注ぎ入れることのできる、あらかじめ作られた器が必要である。人を侮辱するのに用いられる概念、思考の整理に用いられる想像の連鎖やイメージ、人を分類し、レッテルを張るのに用いられる知覚パターンといったものが、あらかじめ出来上がっていなければならない。憎しみは突如沸き起こるものではなく、徐々に育まれていくものなのだ。憎しみを、たまたま生まれた個人的な感情だと考えてしまえば、望むと望まざるとにかかわらず、憎しみがさらに育まれ続ける環境に手を貸すことになる。(4)

不穏な風潮の最たるものは、ドイツ(およびヨーロッパ)における攻撃的なポピュリズム政党または運動の躍進ではない。そういった政党や運動なら、時間とともに自ずから崩壊していくだろうという希望がある。その理由は、グローバル社会における社会的、経済的、文化的現実を否定する彼らの反近代主義を別にしても、党員個人の驕慢や内部抗争、または単に政治のプロとして働く能力を持つ人材の不足など、いくつもある。それに、こういったポピュリズム政党は、公の場での議論において、包括的な問題について具体的な説明を求められた場合に、論戦相手の意見に理解を示すことを余儀なくされれば、魅力を失っていくだろう。またおそらく、彼らが自分たちで主張する、他とは異なる彼らの特殊性なるものも、個々の適切な論点で他者からの賛同を得ることがあれば、失われていくだろう。彼らが主張する意見のうち適切なものに賛同すれば、適切でないその他の意見に対する批判はより効果的になる。結局、こういった政党の力を削ぐためになにより必要とされるのはおそらく、格差の拡大と晩年の貧困への恐怖に基づいた社会の不満を、構造的に脆弱な地域や市町村に対する根本的な経済プログラムによって解消することだろう。

このような政党や運動などよりずっと大きな脅威となるのは、社会全体の狂信的、熱狂的な風潮である。この国でも、その他の場所でも、それは同じだ。信仰が異なる者、または信仰を持たない者、自分たちが主張する「基準」とは外見や愛し方が異なる者に対する拒絶のダイナミズムは、どんどん深く、激しくなっている。基準から外れたあらゆる人間に対する侮蔑は大きくなり、広がって、徐々に我々皆を損なっていく。なぜなら、憎しみの対象となる人間、または憎しみの目撃者となる人間は、こういったわめき声やテロにどう対処していいかわからずに委縮し、無力感にさいなまれ、感情が麻痺し、恐怖で言葉をなくしてしまい、戦慄のあまり口をつぐんでしまうからだ。残念ながらそれこそが、憎しみの持つひとつの効果である――憎しみにさらされる人間たちをまずは苛立たせ、それから戸惑わせ、最後には信頼を奪うことが。

憎しみに立ち向かうただひとつの方法は、自分を心のなかに取り入れてほしいという憎しみ自身からの誘いをはねつけることだ。憎しみに憎しみで対抗することは、自身を変えることであり、憎む者たちがなってほしいと願う人間に近づくことだ。憎しみに立ち向かうただひとつの方法は、憎む者たちに欠けている姿勢をとることだ。つまり、正確に観察すること、差異を明確にし、自分を疑うのを決してやめないこと。こういった姿勢によって、憎しみは次第にひとつひとつの要素に解体されていく。そして、一過性の感情をイデオロギー的前提とは分けて考えること、憎しみがそれぞれの歴史的、地域的、文化的文脈のなかでどのように生まれ、育っていくのかを観察することが可能になる。それはささいなことに見えるかもしれない。あまりにささやかに思われるかもしれない。本当に熱狂的、狂信的な人間にはそんな姿勢は届かない、という反論もあるだろう。確かにそのとおりかもしれない。だが、憎しみの源泉、憎しみを可能にする構造、憎しみが従うメカニズムをより明確に認識できるようになるだけでも、少しは違うのではないだろうか。憎しみに賛同し拍手する者から、自分は正しいという確信が奪われるだけでも、なにかが変わるかもしれない。特定の思考や視点のモデルを作ることで憎しみの下地を準備する者たちから、その怠惰なナイーヴさやシニシズムが奪われるだけでも。自身の行動を正当化せねばならないのが、もはや小声で平和的に憎しみに抗う者たちではなく、彼らを軽蔑する者たちのほうになれば。行動の理由を説明せねばならないのが、苦しむ人間に当たり前に手を差し伸べる者たちではなく、当たり前の行動を拒否する者たちのほうになれば。自己弁護をせねばならないのが、人とのオープンで人間的なつながりを望む者たちではなく、そういったつながりを破壊する者たちのほうになれば。

憎しみと暴力とを可能にする構造を観察することとは、事前の正当化と事後の承認とを可視化することを意味する。この正当化と承認なしでは、憎しみと暴力は決してはびこり得ない。ある特定の場合に憎しみや暴力がどこに源泉を持つかを詳細に考察すれば、憎しみとは自然なもの、必然的なものであるという一般的な神話を覆すことが可能になる。こういった神話を信じれば、まるで憎しみは尊重よりも重要なものであるかに見える。だが、憎しみは自然に生まれるものではない。作られたものだ。暴力もまた、自然に生まれるものではない。事前に整えられた土壌がある。憎しみと暴力がどの方向に発散されるか、誰に向けられるか、どんな限界や障害を事前に取り除く必要があるか、そういったことはすべて、偶然その場にある条件に左右されるのではなく、入念に決定され、整えられるものだ。憎しみと暴力をそれだけ取り上げて断罪するのではなく、その機能のしかたを考察すれば、逆にどこで別の結果が可能だったか、どこで別の決断が下せたか、どこで誰かが介入することができたか、どこで途中で降りることができたか、を明らかにすることもできる。憎しみと暴力の経緯を正確に描写することで、それをどこで中断し、解体することができるかという可能性を示すこともできる。

憎しみを、それが猛威を振るう瞬間よりも前の段階で観察すれば、別の行動の可能性が開ける。特定の形で表れる憎しみのなかには、検察と警察が対応すべきものもある。だが、他者の排斥、区別という形で表れる憎しみ、身振りや習慣や行動や信条に見られる、ささいだが意地悪く人を疎外するやり方に対しては、社会に生きる我々全員が対応しなければならない。憎む者たちが憎しみの対象を自分たちに都合よく仕立てあげる余地を奪うことは、文明社会に生きる者全員の義務だ。他人に委ねることはできない。外見や思想や信仰や愛情がほかと違うからという理由で脅威を受ける人たちの側に立ち、彼らに寄り添うことは、それほど大きな勇気を必要とする行為ではない。だが、まさにこういったささやかな行動が、状況を変え、社会や議論の場から追放されそうな人々に居場所を作ることを可能にするのだ。憎しみに対抗するためのもっとも重要な行動は、孤立化を許さないことではないだろうか。人が沈黙に、私的な空間に、孤立した隠れ家や境遇に追い込まれないようにすること。我々自身の内から発して他者へと向かう行動こそが、もっとも重要なものだ。彼らとともに再び社会的、公的な場所を開くための行動こそが。

憎しみにさらされ、孤立している者は誰でも、冒頭に引用した詩篇で嘆きの声が訴えるように、「深い泥沼に沈み、足がかりもない」と感じている。彼らには、もはやすがるものがない。水底にはまり、奔流に押し流されている。大切なのは、彼らをひとりにしないことだ。彼らが呼び掛けたら、その言葉に耳を傾けることだ。憎しみの奔流がさらに激しくなるのを許さないことだ。誰もが踏みしめて立つことのできるたしかな足がかりを作ること――それこそが大切なのだ。

1

可視―不可視

Sichtbar-Unsichtbar

僕は見えない人間だ。（…）僕が言う〈見えない〉とは、僕がすれ違う人間たちの目に備わった独特の装置がもたらすものだ。

ラルフ・エリスン『見えない人間』

彼は血と肉を持つ人間だ。幽霊でも、映画の登場人物でもない。肉体を持ち、空間を占め、影を落とし、人の行先に立ちはだかったり、視界をさえぎったりすることもあり得る、生きた存在である。一九五二年に発表されたラルフ・エリスンの有名な小説『見えない人間』で、黒人の主人公はそう語る。彼は言葉を話し、相手の目を覗き込むひとりの人間だ。それなのに彼は、まるで歪んだ鏡に取り囲まれているかのようだ。その鏡のなかでは、彼に行き会う人たちは皆、自分自身か、そうでなければ彼の周囲しか見えていないようだ。ほかはすべて見えている――ただ、彼のことだけが見えないのだ。いったいどういうことだろう？　どうして白い人間たちは、彼のことが見えないのだろう？

彼らの視力が弱いわけではない。身体的な理由はない。主人公をかすませ、消し去るのは、見る者の内的な姿勢だ。主人公は、ほかの人々にとっては存在しない。まるで空気か無機物のように。街灯と同じで、ぶつからないよう避けて歩く対象ではあるが、話しかけ、反応し、注意を向けるに値する存在ではないのだ。他者から見られないこと、認識されないこと、不可視の存在であることは、最も深刻な蔑視の形である。(1) 不可視の者、社会的に認識されない者は、「我々」の一員ではない。彼らが言葉を発しても誰も聞かず、動いても誰も見ない。不可視の人間には感情も欲求も権利もないとみなされる。

やはりアフリカ系アメリカ人の詩人であるクローディア・ランキンは、最新刊『市民(Citizen)』で、不可視の存在になるという体験について語っている。ひとりの黒人少年が、地下鉄のなかで見知らぬ男から「見過ごされ」てぶつかられ、床に転んでしまう。ぶつかった男は立ち止まることもなく、少年を助け起こすこともなく、謝ることもない。まるで誰にもぶつかってなどいないかのように。まるでそこには人間など立っていなかったかのように。ランキンはこう書いている。「……そして君は、こんなことは終わってほしいと思う。床に転ばされた少年は人から見られるべきだ、助け起こされるべきだと思う。少年を見なかった男、おそらく一度も目に入れなかった男は、少年の服をはたいて汚れを落としてやるべきだと。男はもしかしたら、自分と同じ姿をしていない人間のことは、これまで一度も見たことがないのかもしれない(2)」

誰もが、こんなことは終わってほしいと思う。いつか誰かが作り出し、基準として定めた人間像にあてはまる一部の人間しか「見られる」ことがない状況など望まない。望むのは、「見られる」ためには人間であればそれでじゅうぶんであり、それ以上の特性や特徴などいらないようになることだ。基準とはどこか違って見える人間が、「見られない」ことなど望まない。そもそも可視と不可視とを分ける基準があること自体を望まない。基準を作り出す多数派の人間とは肌の色や身体が違う人間たち、愛し方や信じ方や望み方が違う人間たちが、そのせいで床に転ばされるのを望まない。誰もが、そんなことは終わってほしいと思う。なぜならそれは、見過ごされ、床に転ばされる者たちばかりでなく、我々全員に対する侮辱だからだ。

ところで、ラルフ・エリスンが語る「人間たちの目に備わった独特の装置」は、どのように生まれるのだろう？ ある種の人たちが別の人たちにとって不可視になる過程とはどのようなものだろう？ ある種の人たちを可視に、別の人たちを不可視にする見方の背後にある情動とは、どのようなものだろう？ 他者の姿をぼかし、消してしまう内なる目を育むのは、どのような考え方なのだろう？ こうした目は、誰によって、またはなにによって形作られるのだろう？ そして、どんなふうに多様化していくのだろう？ どんな歴史的言説が、他者を歪め、消滅させる視線を生み出すのだろう？ ある種の人たちを不可視であり、それゆえ取るに足らぬ存在だと、または脅威であり、危険な存在だと見なす思考の枠組みは、どのように生まれるのだろう？

それになにより、それらは、もはや見られず、もはや人間として知覚されない人たちにとって、なにを意味するのだろう？ 見過ごされたり、実際とは違うものだと見られたりする人たちにとって。外国人、犯罪者、野蛮人、病人——いずれにせよ、多様な能力と嗜好を持ち、それぞれ名前と顔を持つ、傷つきやすい個人としてではなく、なんらかの集団の一員として見られる人たち。社会的に不可視の存在とされることが、どれほど彼らを戸惑わせ、抵抗する能力を奪うものだろう?

＊

恋

感情は現実界の法則を信じない。
アレクサンダー・クルーゲ『差異の作り方』

「花をつんでこい！」この命令で妖精王オーベロンは、いたずら者のパックに、恋に落ちる魔法の液を探しに行かせる。媚薬の効果はすさまじいものだ。眠っているあいだにこの花の滴をふりかけられた者は、目が覚めたときに最初に目に入ったものに恋をしてしまうのだ。妖精たちのなかでも特に賢いわけではないパックが、うっかりこの媚薬をオーベロンに命じられたのとは別の人間にふりかけてしまったため、とんでもない大混乱が巻き起こるというのが、『真夏の夜の夢』のあらすじだ。特にひどい目に遭うのが、妖精の女王タイターニアと、織工のボトムである。パックはなにも知らないボトムを、巨大なロバの頭を持つ生き物に変えてしまうのだ。自分が姿を変えたことに気づかないお人よしのボトムは、突然皆が自分を見て逃げ出すことに驚く。「神さまのご加護がありますように、ボトム！　神様のご加護がありますように！」と、ボトムの醜い姿を見て、できる限り穏便に真実を告げようとする友人が言う。「お前は変身したんだよ」と。だがボトムは、なにもかも友人たちの悪ふざけだと思い込んでいる。「俺をロバに変えたいって？　怖がらせたいって？　できるものならやってみればいい」そう言うと、ボトムは歌を歌いながら憤然と歩き去る。

ロバの頭を持ったまま、ボトムは森でタイターニアに出会う。タイターニアは眠っているあいだに、媚薬をふりかけられている。こうして魔法が起きる。タイターニアはボトムを目にした瞬間、恋に落ちるのだ。「私の目もまた／あなたの愛らしい姿にうっとりします／あなたの美しさと徳のおかげで／あなたを一目見たときから私は告白し、誓うのです／愛していますと」

ロバを悪く言う気はないが、タイターニアの前に立っているのは半人半獣だ。それなのにタイターニアは「愛らしい姿」などと言う。どうしてこんなことが起きるのか？　タイターニアに見えていないのは、または別なふうに見えているのはなんなのか？　もしかしたら、ボトムの巨大な耳がまったく目に入っていないのだろうか？　もじゃもじゃの毛皮が？　大きな口が？　もしかしたら、タイターニアはボトムに目を向けてはいても、その正確な輪郭、細部までは見ていないのかもしれない。タイターニアにとっては、目の前の獣はどこまでも「愛らしい姿」なのだ。もしかしたら単に、「愛らしい」という形容詞には本来あてはまらない特徴のすべてを、視界から締め出しているのかもしれない。タイターニアは心を打たれ、夢中になり、「惚れ込んで」いる。陶酔しているせいで、どうやら認識能力のいくらかが機能しなくなったようだ。もうひとつ別の可能性もある。タイターニアにはボトムの大きな耳も、もじゃもじゃの毛皮も、大きな口も見えて<u>いる</u>のだが、媚薬の影響で、相手のこういった特徴に対して通常の状態のときとは違った判断を下しているという可能性だ。大きな耳は目に入るものの、それが急に素晴らしいもの、愛らしいものに思われるというわけだ。

シェイクスピアの喜劇において、花の滴という物語進行上の手段がもたらす効果は、我々にとってもなじみ深いものだ。恋(または欲望)がどれほど突然人をとらえるか。恋がどれほど思いがけず人を襲い、すべてを支配するか。恋がどれほど人の正気を奪うか。なんとも魅力的な話だ。とはいえ、ここでタイターニアがボトムに恋をした理由は、ボトムがボトムであるからではなく、単に目が覚めて最初に目にしたのがボトムだったからに過ぎない。タイターニアが魔法にかかった状態で恋をしている相手は確かにボトムであり、彼女にはボトムの内面も外面も、本当に愛らしく見えるのだろう。のみならず、タイターニアはおそらく、なぜ自分がボトムに恋をしているのかという理由さえ述べることができるに違いない。だがそれは、タイターニアの恋の本当の理由ではない。タイターニアとボトムとの恋の物語でシェイクスピアは、感情の原因と対象とが一致しないという心理状態を描写しているのである。前夜よく眠れず、気が立っている人間にとっては、どんなささいな出来事も怒りを発散するきっかけとなる。その怒りはもしかしたら、たまたま出会っただけのなにも知らない人間――そしてその怒りの原因でもない人間――に向けられるかもしれない。なんらかの感情を引き起こす原因は、往々にして、その感情が向けられる物や人や出来事とは別ものなのだ。ボトムはタイターニアの恋の対象ではあるが、その原因ではない。

さらに、この物語にはもうひとつの意味が隠されている。恋をしているときは――ほかの感情に支配されているときと同様――視線の向きが積極的に曲げられるという事実だ。タイターニアは、恋の対象であるボトムを中立的な視線で見ているのではなく、ボトムに評価、判断を下している。「愛らしい」「徳がある」「うっとりする」「魅力的」などなど。その際、恋をしているとき独特の激情で、都合が悪く歓迎されざる認識は、ないものとされる。恋する相手の不愉快な性質や習慣などは、恋する視線のもとでは「不可視」になってしまうのだ。恋愛感情に水を差すかもしれないもの、恋と欲望の邪魔をしそうなものは——少なくとも夢中になっている最初の段階では——意識下においやられてしまう。こうして恋の対象は、恋にとって都合のいいものに作り替えられる。

何年も前のことだが、あるアフガニスタンの若い翻訳家が私に、両親が息子のために花嫁を選ぶことがなぜ有意義なのかを説明してくれたことがある。彼は穏やかに、だがきっぱりとこう言った。結局のところ、人は恋をするとすっかり盲目になってしまい、愛しい女性が本当に自分に合っているのかどうかをきちんと判断できなくなる。だが経験から言って、精神状態を変えてしまうほどの恋は永遠には続かない。シェイクスピアに出てくる花の滴の魔力も、いつかは消える——そうしたら、その後はどうなる？　それならば、母親が最初からより冷静な目で、恋の幻想が消えた後も息子に合う女性を選んだほうがいい、と。その翻訳家自身、ヴェールをつけていない妻の姿を初めて見たのは結婚式の当日で、妻と初めてふたりきりで話したのはその夜のことだったという。いま幸せ？　そう訊くと、はい、とても、という答えが返ってきた。[3]

目くらましにはさまざまな形がある。恋は、我々から現実を見る目を奪うたくさんの感情のひとつに過ぎない。恋の場合、周りが目に入らない自己陶酔の状態は、微笑ましく見守ってもらえる。なぜならそれは、相手の価値を高め、善意で相手を嵩上げする感情だからだ。恋する者の幻想が、恋の相手にとって利益になるからだ。言ってみれば恋は、現実に存在する反論や障害を乗り越えるというその力のおかげで、より素晴らしいものになるのだ。恋する者は、異論や疑問には耳を貸さない。恋する者は、自分の感情を人に説明してわかってもらおうなどとは思わない。恋する者にとっては、どんな議論も、相手のあれやこれやの性質に対するどんな指摘も、恋を台無しにするかに思われる。恋とは他者を承認することではあるが、奇妙なことに、その承認は必ずしも認識を前提にしてはいない。前提となるのはただ、恋する者が恋の相手に、自分が「愛らしい」「徳がある」「うっとりする」「魅力的」だと感じる性質を見ることである[4]。たとえそれが、ロバの耳やもじゃもじゃの毛皮であっても。

*

希望

とるに足らない、または見せかけの希望は、愚か者が抱くものだ
シラ書　第三十四章

ヘシオドスが物語るパンドラの神話では、ゼウスはパンドラに災難、災厄をいっぱいに詰めた箱を持たせ、地上へと送り込む。それまで人間たちの知らなかった災いの詰まった箱は、絶対に閉めておかなくてはならないことになっていた。ところが、パンドラは好奇心に駆られて箱の蓋を開け、中を覗いてしまう。すると箱からは病や飢餓や苦悩が出てきて、地上に広がっていく。だがパンドラは、希望を見逃していた。それはパンドラが蓋を再び閉めたとき、箱の底に残る。どうやらゼウスにとっては、希望は災厄のひとつだったようだ。なぜだろう。希望とは好ましいものではないのだろうか？我々に勇気を与え、前向きな気持ちにしてくれて、善き行いへと導いてくれるものではないのだろうか？　希望も愛と同じく、なくてはならないものではないのだろうか？

確かにそうだ。だがここで取り上げる希望とは、未来への展望や確信のことではない。そういった意味での希望はあったほうがいいし、必要なものだ。だが、ヘシオドスが描写する希望とは、幻想に

基づいた憶測が根底にある、むなしい希望のことだ。そういう希望を抱く者は、自分が望むとおりのことが起きるに違いないと自分自身に思い込ませるという病にかかっている。それはある種の根拠のない妄想で、現実に目を向ければわかる事実をことごとく無視している。これについてイマヌエル・カントは、「理性の秤の偏り」と書いている。すなわち希望による先入観である。

人はなにかがどうしてもうまく行ってほしいと願う時には、その希望を打ち砕くような兆候からは目をそらしがちだ。望みどおりのシナリオの邪魔になるものは、それがなんであれ、意識的にしろ無意識にしろ、無視され、ないものとされる。それが軍事的、経済的、または医学的見解であろうと、私たちの推測に矛盾することがらへ向ける視線を、希望は簡単に曇らせてしまう。都合のいい予測を修正せざるを得なくなるかもしれないものは、邪魔でしかない。それに、私たちの楽観的な勢いや、こうであってほしいという想像にブレーキをかけるものは気に入らない。不快で複雑で矛盾した現実に向き合うのは、辛いことなのだ。

友人が自分はアルコール依存症ではないと言い張れば、私たちはそれを信じたいと思う。友人が酒を飲むのを目にし、出会いから友情を育んだ歳月が依存症に蝕まれていくのを目にし、彼が歳月とともにどんどん自分らしさを失っていくのを目にし――それでも私たちは、友人がアルコール依存症であることを認めようとはしない。そして、こちらの間違いだろうと希望を抱く。私たちが目にしているもの――友人が病気であり、私たちから離れていってしまったこと――を、実際には目にしてなどいないのだと思い込んで、希望を抱く。私たちは、事態がよくなることを望みながら、同時にその邪魔をしている。なぜなら事態の改善は、依存症に対してごまかしのないまっすぐな視線を向けることでしか始まらないからだ。

　希望を抱くときには、良くない結末が待っていそうな兆候を目に入れないのではなく、別なふうに解釈することもある。都合のよい解釈をし、よりよい結末が待っているとして、気分を明るくする。それはひとつの物語であり、本当に気分を明るくしてくれるとしたら、その理由は、それが希望を抱く本人の努力が必要とされない物語だからだ。前述の友人も、いつかは自分が依存症であることを認めるかもしれない。そうすれば話し合いが持たれ、そこで友人は、自身の依存症のメカニズムをすべて把握したと主張し、私たちがするよりもずっと正確な自己分析を披露する。すると私たちは再び、きっとすべてがうまくいくに違いないと希望を抱くのだ。その希望に矛盾しかねない兆候、自身の期待が非現実的で素朴すぎることが明らかになりかねないサインはすべて、目に入らなくなる。さらにそこに、対決を避けたいという願望も加わるかもしれない。友人に耳が痛いことを進んで言おうなどと、誰が思うだろう。わざわざでしゃばって顰蹙を買い、友情を揺るがしかねないことを、誰がしたいと思うだろう。こうして、欺瞞に満ちた希望はさらに、誰の目にも明らかな事実――自分自身を破滅に追い込みつつある病気の人間が存在すること――を覆い隠し続ける。

*

懸念

ひとたび私にとらわれた者には、
すべてがむなしくなる。
永遠の薄闇が降りてきて、
太陽はもはや昇りも沈みもせず、
外はすっかり明るいというのに
内は暗闇に覆われている、
どんな宝に取り囲まれても
決して手に入らないことがわかっている。

「懸念」
ヨハン・ヴォルフガング・フォン・ゲーテ『ファウスト』第二部より

「ひとたび私にとらわれた者には、すべてがむなしくなる」ゲーテの『ファウスト』で、「懸念」という登場人物はこう語る。ときは真夜中、豪奢な屋敷のなかで、老いつつあるファウストを「四人の白髪の老女」――欠乏、困窮、罪、懸念――が訪ねようとする。だがドアは閉まっている。「懸念」だけが鍵穴から忍び込むことに成功する。ファウストは「懸念」に気づくと、彼女を遠ざけておこうとし、彼女の言葉に抵抗する。(「やめろ！ そんなことを言っても私には通じないぞ！ そんなたわごとなど聞きたくない。さっさと失せろ！　しょうもない繰り言など耳に入れれば、どれほどの賢者でも愚かになる」）ファウストにはどうやら、懸念の持つ危険な力がよくわかっているようだ。懸念がなんでもない平穏な一日さえも「不快な混乱」に変えてしまうこと、なにを所有していようと、どれほど幸せであろうと、すべてを無価値に見せ、どれほど素晴らしい見通しにも暗いヴェールをかぶせてしまうことを。だがファウストがいくらがんばっても、懸念を追い払うことはできない。結局立ち去る前に、懸念はファウストに息を吹きかける――するとファウストは盲目になってしまう。

ゲーテが描写する懸念は、人の内面を支配する。盲目になったファウストにとって、外の世界は（視力とともに）消滅する。ファウストが「見る」のは、もはや魔物ばかり。魔物らはファウストに、すべてを悩ましく、恐ろしく、難しく見せて、人生を苦いものにする。楽観的な期待に矛盾する要素を見えなくするのが希望なら、懸念は不安な予感を弱めてくれる要素を否定するものだ。

もちろん、正当な形の懸念も存在する。深慮や用心や他者に対する配慮などにつながる懸念だ。だがここで取り上げるのは、懸念を抱く本人の内面を食い物にし、明らかに見えており、わかっている事実を否定する懸念だ。疑問を抱く余地を与えず、自身と矛盾するものは視界から消してしまう類の懸念だ。懸念もまた（恋や希望と同様に）人の視線をこの世界の特定のものへと向かわせる。懸念の（見せかけの）理由として作り出されたものへと。タイターニアがボトムに恋をする理由を述べることができるにもかかわらず、ボトムは実際にはタイターニアの恋愛感情の原因ではないのと同様、懸念もまた、懸念を引き起こす原因ではないものに向けられることがある。懸念の対象は、必ずしもその原因と一致しているとは限らない。懸念の対象もまた、ときに懸念自身に都合よく作り出されるのだ。

　地球は円盤状だと考える者は、もしかしたら地上から落ちるのではないかという大きな懸念を抱くかもしれない。深淵に落ちることに対するこの不安自体は、合理的に説明がつくものだ。もしも地球が円盤状ならば、どこかに縁があるはずで、そこから落ちる可能性はじゅうぶんにある。縁の下は深淵だろうというのは、しごくもっともな想像だ――そしてそこから落ちるのではないかというのも、もっともな懸念だ。地球は円盤状だと考えるために懸念を抱く者は、他の者たちがなぜこうも落ち着いていられるのか、まるで深淵に落ちる危険などないかのように安全の幻想のなかで安穏と生きられるのか、とても理解できないだろう。誰でも地球の縁から落ちる危険があると心配する者は、この危険に対してなんの対処もなされないのが理解できないだろう。そして現実に目を向けない無知な政治家たちがなんの行動も起こさず、市民を守ろうとせず、深淵の手前に立ち入り禁止区域を作ろうともせずに、こともあろうか、深淵などどこにも見えないと主張するのを目の当たりにして、彼らはますます懸念を抱く。それ自体、筋は通っている。ただひとつ――地球は円盤状ではない。

　ひょっとすると、本当に懸念を抱くに足る真の原因は、把握するには大きすぎるか、または漠然としすぎているのかもしれない。人は懸念のせいで不安に陥り、麻痺してしまうため、懸念のもととなるものの正体を見極められないのかもしれない。すると懸念は、別のもっと手軽な対象を見つけ出す。人の注意をそらすことのできる対象を。人を麻痺させるのではなく、少なくとも一瞬のあいだは行動に走らせることのできる対象を。わずか一瞬のあいだとはいえ、懸念は、不安をあおる脅威的な原因を人の視界から締め出すか、またはもっと楽に対処できる別の原因にすり替えることに成功する。

今日、懸念は驚くほど過大評価されている。懸念という形で表現されているのは正当な不快感であり、それは政治的に真剣に受け取られるべき感情で、決して批判などされてはならないという暗黙の了解がある。まるでフィルターを通さない生の感情は、それ自体が正しいものだとでもいうかのように。熟慮を経ていない拙速な感情には、独自の正当性があるとでもいうかのように。人は感情を抱くだけでなく、それを遠慮なく公の場で吐き出さねばならないとでもいうかのように。熟慮も、自身の感情や確信に対するどんな形の疑念も、自身の欲求を満たすという行為を制限するものであり、それゆえ受け入れがたいとでもいうかのように。懸念はこうして、独自の権威を持つ政治的なカテゴリーへと昇格する。

もちろん、公の場で議論されるべき社会的、政治的、経済的な懸念も存在する。ほかの人々よりも大きな危険にさらされ、傷つきやすく、社会の進歩から取り残された者たちが、広がりつつある社会格差や、子供たちの出世のチャンスの不確実さや、コミュニティの資金不足や、公的施設の荒廃などに対して懸念を抱く理由は、じゅうぶん納得がいくものだ。それにもちろん、政治的または社会的な疑念や困窮を、どこで、どのように表明すればいいのかという問いもまた正当なものだ。私もまた、ほかの人たちと同様に、移民への政治の対応についてはいくつかの懸念を抱いている。たとえば、明日には文化的、社会的「スラム」だと非難されるのが確実な集合住宅群を、今日、拙速かつ安価に人里離れた場所に建設するという近視眼的な住宅政策をどうしたら止められるかという懸念。労働市場で必要とされる若い男性ばかりでなく、彼らの母親たちをも対象とした教育政策をどうしたら作ることができるかという懸念。なんといっても母親たちこそが、子供や孫たちが育つ過程で使うことになる言葉、この国の公的機関で使われる言葉、彼らの周囲で使われる言葉に習熟せねばならないのだから。拡大しつつある差別と暴力とから難民をどう守るかという懸念もある。社会の進歩から取り残されたさまざまな集団のそれぞれの苦しみや貧困に格差がつけられるのをどうしたら防ぐことができるかという懸念もある。記憶の文化を生成しながら、それを他者を排斥する民族的な物語にしないためにはどうしたらいいのかという懸念もある。ホロコーストに触れることを恐れずに過去への言及が成され、広がっていくにはどうすればいいかという懸念もある。こういった懸念のすべてが我々にとって必要なのかどうか、正直に言えば私にもわからない。だがこれらは、公の場で議論の対象にもなるし、理性的な批判に向き合うこともできる懸念だ。

だがこれとは逆に、「懸念を抱く市民」という概念は、いまでは懸念の合理的な理由への問いをはねつける言論上の盾となってしまった。まるで懸念それ自体がすでに公的な議論に足る的確な論点であるかのようだ――そしてもはや懸念は、正当である場合も不当である場合も、適切である場合も不適切な場合も、理性的である場合も誇張されている場合もありうるひとつの情動などではないかのようだ。懸念の場合にも、恋や希望と同様に、その対象はなにか、原因はなにか、対象と原因は一致しているかと問うことが、まるで不当であるかのようだ。ゲーテが『ファウスト』で描いた懸念の力――ひとたび懸念にとらわれれば、目の前が真っ暗になり、実際には安定していて安全なもの、幸福、繁栄のすべてがもはや認識できなくなる――など、まるで存在しないかのようなのだ。

もちろん、懸念を抱く人々が過少評価されていいわけではない。だが懸念を抱くならば、自分たちが懸念だと表明することがらがひとつひとつの要素に至るまで正確に観察、吟味されることを受け入れねばならない。懸念を抱くならば、本当の懸念と、哲学者マーサ・ヌスバウムが「嫌悪感の投影」と呼ぶもの(5)――つまり、己を守らねばならないという大義名分のもとに行われる単なる他者の排斥――とが区別されることを覚悟せねばならない。社会的な共感の土壌を破壊する、懸念とはまったく別物の感情は数多くある。そのうちヌスバウムが挙げるのは、「不安」「嫌悪感の投影」そして「ナルシシズム」である。

現在、「懸念を抱く市民」という言葉を使う者は、まずなにより、政治的、道徳的に批判の対象となるあらゆることがらから自身を切り離しておきたいと思っている。「懸念を抱く市民」は、絶対に人種差別主義者や極右とは別ものであるということになっている。人種差別主義者と呼ばれたい者などいない。人種差別主義者本人でさえ、人種差別主義者と呼ばれたくはない。なぜなら、少なくとも人種差別主義者というレッテルは(そのレッテルが示す中身のほうはもはや違うのかもしれないが)、社会的にタブーとされているからだ。それゆえ、懸念はそういったものを覆い隠す感情として重宝されることになる。懸念は、その下にある「異質なものへの敵意」を覆い隠し、そうすることで批判を防ぐのだ。こうして、タブーは守られ、同時に侵されることになる。異質なものへの敵意を拒絶する社会は守られ、同時に疑問視されることになる。なぜなら、嫌悪感、反感、軽蔑などが「懸念」として表明されれば、「許容可能なもの」の基準がずれるからである。

「懸念を抱く市民」は移民を憎み、イスラム教徒を悪魔と同一視し、外見や愛し方や信仰や思想が自分たちと異なる人間を心の底から拒絶し、価値の劣る者だと決めつけたがる。そして、こういった信念や感情はすべて、批判してはならないとされる「懸念」の仮面をかぶっている。こうして「懸念を抱く市民」は、手を出すことのできない存在となるのだ。いったい懸念のどこに道徳的な批判を受ける余地があるというのか、というわけだ。社会においては、すべてが許容されねばならないのだろうか。なにが許容可能でなにが許容不可能かの基準は、個人の自己中心的な自由を規制するという理由で、存在を許されないのだろうか。

いまや「懸念を抱く市民」という言葉を使うのは、もはやこの言葉を隠れ蓑にしているPEGIDA（「西欧のイスラム化に反対する欧州愛国者」）やAfD（「ドイツのための選択肢」）の支持者ばかりではない。ジャーナリストの多くもまた、こういった感情を美化するのに一役買うようになっている。だがジャーナリストとは本来、冷静に懸念の原因や対象を分析するべき存在だ。懸念にしかるべき理由があるのならそれを見つけ出し、現実的な基盤のない懸念のことは批判せねばならない。ジャーナリストの義務とは、読者の意見にあらゆる点で賛同することでも、大小の社会運動の尻馬に乗ることでもなく、そういった運動の理由、論点、戦略や方法を分析し、必要ならば批判的に光を当てることだ。

いまぜひとも必要なのは、この「懸念」に覆い隠された憎しみが、権利を奪われ、社会から取り残され、政治的対応からも置き去りにされる人間の集団が生まれる前触れ（またははけ口）なのではないかと問うことだ。その意味で、現在あまりに多くの場において憎しみと暴力という形で表れるエネルギーの由来はなんなのかと、冷静に原因を探求することもまた必要である。さらに、それぞれの社会が自身に批判的な目を向け、人々の社会的不満——とはいえ、憎しみも、自らのアイデンティティに対する狂信も、こういった社会的不満に対する答えとしては間違っている——をなぜもっと早くに認識することができないのかと問うべきでもあろう。いったいどんな盲目的なイデオロギーが、社会的不公正に対する不満に気づくことを妨げるのだろう？

この問題に関しては、ディディエ・エリボンの（ジャン＝ポール・サルトルに賛同する形での）考察が、最も有益に思われる。エリボンによれば、狂信や人種差別に特に走りやすいのは、否定的な体験を通して自己を形成する集団や環境であるという。サルトルはある種の集団を「集列」と名付け、それらは制約や障害が多い環境に受け身で無反省に適応していく過程を通して自己形成すると述べる。すなわち、こういった「集列」をつなぐのは、社会の現実に対する無力感なのだ——なんらかの課題や理想に自覚的、積極的に自己投影することではなく。(6) エリボンは特にフランスの労働者階級が国民戦線（「フロン・ナシオナル」）に接近する傾向を取り上げて考察している。だが、自覚的、政治的な意図によってではなく、物質的で否定的な経験（または対象）によって生じた集団や運動の生成過程を構造的に分析することは、国民戦線とは別の環境や文脈においても興味深いことだろう。人種差別主義や狂信主義は、連帯の理由として前面に押し出され、個々人を真につなぐものを押しのけてしまう。

「集団としての活動性の欠如、または連帯的、活動的集団としての自覚の欠如の結果、人種差別的カテゴリーがその他の社会的カテゴリーに取って代わる(7)」

このような見方に基づくならば、必要なのは、人種差別的、国粋主義的思考パターンを破壊すること（そして、そうすることで人がそういった思考パターンに染まるのを防ぐこと）、さらに、それまでないがしろにされてきた、またはごまかされてきた社会的な問いを改めて立てることである。おそらく、狂信的で反リベラルな独断論者の悲劇は、彼らがまさにこれらの社会的な問いをごまかしてきた点にある。というのも、そのせいで、正当な政治的不満の端緒となるテーマまでもが、まったく語られなくなるからだ。「懸念の危険な点は、それが問題の解決策を探すふりをすることで、問題解決の妨げになることである(8)」

＊

憎しみと蔑視

1　特定の集団に対する非人間的行為（クラウスニッツ）

異形と不可視とは、他者のふたつの亜種である。
イレーヌ・スキャリー「他者の難解な像」

彼らはなにを見ているのか。私が見ているものとは違うのだろうか。その映像は短い。もしかしたら短すぎるかもしれない。何度も何度も見てしまうが、それでも理解できない。そのシーンは暗闇にマントのように覆われており、たったひとつの光は、中央に浮かび上がる緑と黄色の「旅の楽しみ」という文字である。その左には、なにか四角くて黄色いものがある。おそらくバスのサイドミラーだろう。前景にはたくさんの人の後頭部しか見えない。彼らはバスの外に立ち、バスのなかにいる人たちに向かって手を伸ばしている。親指を上に、人差し指を前に突き出して。そしてこう叫んでいる。「我々は民衆だ」。映像の最初から最後まで、彼らが正面から映し出されることはない。彼らの存在は、その手の動きと、彼らが集団で叫ぶスローガンでしか確認できない。まるでそれですべてに――または他者への憎しみに――説明がつくかのように叫ばれる、この「我々は民衆だ」というスローガンは、東独の民主化運動の際に使われたものだが、この瞬間、この映像が撮影されたザクセン地方では、次のような意味を持っている——「お前たちは民衆ではない」「我々こそが、誰が仲間で誰が仲間ではないかを決定する者だ(9)」

この人たちはいったい目の前になにを、または誰を見ているのか。

カメラが少しバスのフロントガラスに寄り、車内にいる七人の人間が映し出される。バスの前方に立っているか、座っている人たちだ。右には、ベースボールキャップを深くかぶって顔を隠し、ぴくりとも動かない運転手。左には、最前列に座るふたりの若い女性。通路にはふたりの男性がいて、外で叫ぶ群衆に背を向けて、どうやら車内で硬直している難民たちを勇気づけているようだ。片方の男性は子供を抱きしめている。男性の背中に回された二つの細い手だけが見える。

彼らはどれくらいここに座っているのか。バスはいつから立ち往生しているのか。外でわめき、バスの通行を妨げている人たちとの対話はあったのか。すべて、画面からは読み取ることができない。ベージュ色のスカーフをかぶり、通路に立っている年配の女性が、バスの前で叫ぶ群衆を見つめている。どうやら興奮しているらしく、怒鳴る人々に向かってなにやら身振りをして、唾を吐きかける——または、少なくとも唾を吐きかけるかのような仕草をする。外に立っている人々が「我々は民衆だ」という言葉で、「お前たちは異邦人だ」「お前たちはここにいるべき者じゃない」「出ていけ」という意思を表しているのと同様、唾を吐きかけるという仕草は、一種の「いやだ」を表している。「いやだ、私たちはこんな屈辱を受けるいわれはない」「いやだ、こんな態度はまともじゃない」「いやだ、こんな振る舞いをするなんて、あなたがたはいったいなんという民衆なのか」と。[10]

それから、子供を抱きしめていた手がほどかれる。すると、青いフード付きのパーカーを着て、顔を歪ませた少年の姿が見える。どうやら泣いているようだ。自分たちに向かって叫ぶ人々のほうを見ている。彼らがなにを言っているのか、少年には理解できないが、それでも彼らの身振りに誤解の余地はない。少年は、そこへと降りていかされる。バスの前部ドアから、「出ていけ……出ていけ」という叫び声が響く暗闇へと連れ出される。一方、車内の最前列に座るふたりの女性の姿も鮮明になる。お互いにしがみつき合い、ひとりの頭が、目から涙をぬぐうもうひとりの肩に隠れている。

彼らはなにを見ているのか。バスの外に立って叫んでいる人たちは。クラウスニッツの様子を映したこの映像については多くの議論がなされ、多数の意見が表明された。ほとんど誰もが驚愕し、怒った。「恥」だ、「リンチ」だと言われた。大多数の発言やインターネットへの書き込みは、このシーンから距離を置くものだった。私はといえば、なによりまず驚いた。恐ろしいと感じるよりも先に、理解できないと思った。どうしてこんなことが可能なのか。泣いている子供や、バスの最前列で恐怖に震えるふたりの若い女性の姿を目にしながら、それでも「出ていけ」とわめくことが、どうしてできるのか。彼らは恐怖に駆られた人たちを目にしていながら、その恐怖にも、その人たちにも気づいていない。どんな技があれば、そんなふうになにかをごまかし、視界から消してしまうことができるのだろうか。どんなイデオロギー的、感情的、心理的な前提が、人を人として見ない視線を生むのだろうか。

クラウスニッツでは、単に人が不可視の存在とされたばかりではなかった。バスのなかの難民たちは、クローディア・ランキンの作品に出てくる地下鉄のなかの少年のように、人の視界に入らなかったわけではない。無視されたのではなく、憎むべきなにものかとして知覚されたのだ。「憎しみの前提は、その対象を真剣に受け止めることだ」アウレル・コルナイは敵意を分析した著書で、そう述べている。「憎しみの対象は、なんらかの形で客観的に重要であり、意味があり、危険で、力を持つ者でなければならない」[11]その意味では、「我々は民衆だ」というスローガンは、本来それだけではじゅうぶんではないことになる。ここで問題となっているのは、一方はその場にふさわしいが、もう一方はそうではない、という構図ではないからだ。それだけでは単純すぎる。それだけなら、新参者たちは単に取るに足りない者として放っておかれるだけで済んだはずだ。そしてあの夜、「民衆」はおとなしく家にいればよかったはずだ。より重要なことに時間を割けばよかったはずだ。あの場で起きたのは、なにか別のことだったのだ。

バスのなかの難民たちは、一方で個人としては「不可視」の存在とされた。この世界を構成する「我々」の一部とはみなされなかった。独自の歴史、経験、個性を持った人間とはみなされなかった。だが同時に、彼らは「他者」として、「我々ではない者」として「可視化され」、または作り上げられた。彼らを不気味で、忌まわしく、危険な集団に仕立て上げ、烙印を押すさまざまな特徴が投影された。「異形と不可視とは、他者のふたつの亜種である」と、イレーヌ・スキャリーは書いている。「一方は誇張された姿で目に入り、目を向ければ嫌悪感を催す。もう一方は目に入らず、それゆえ最初から存在しない[12]」

クラウスニッツの映像に映っているのは憎しみだ。そして憎んでいるときには、憎しみの対象は重要で巨大で不気味なものでなければならない。それには、現実の力関係を独特の形で逆転させることが前提となる。クラウスニッツに新たにやってきた者たちは、明らかに弱者だった。だが、彼らは非常に危険な存在でなければならない。たとえ逃避行のあいだになんとかなくさず持ってきたビニール袋やリュックサックの中身以外にはなにひとつ所持していなくても、この地で自身の意見を表明し、自身を弁護するための言葉を話せなくても、もはや自分の家を持っていなくても。危険な存在である彼らに対して、自分は無力だと主張する者たちが抵抗しているという構図が成立しなければならなかった。

この映像でバスの周囲に立っている人たちは、三つのグループに分類できる。第一のグループは、スローガンを唱え、わめく人たち。第二は、そんな人たちを傍観する人たち、そして第三が、警察官だ。

第一のグループ——今日にいたるまで、バスの前でスローガンを唱えていた男たちについては、ほとんどなにもわかっていない。彼らはあいまいな集団のままで、ときには「下層民」、ときには「暴徒」、ときには「ならず者」と呼ばれる。だが私には、どの呼び方もふさわしいとは思えない。私には、この人たちを個人または集団として批判することが、ふさわしいとは思えない[13]。彼らが何歳で、どんな学校を出ているのかはわからない。彼らの社会的、宗教的背景についてもわからない。働いているのか、失業者なのか、そもそも自分たちの暮らす地域で難民に出会ったことがあるのかどうかもわからない。憎む者たちの履歴は重要ではない。彼らが自分たちを個人的に「右翼」だと思っているのか、なんらかの政治団体または政党とつながっているのか、AｆD（「ドイツのための選択肢」）に近い位置にいるのか、それとも左派政党に近い位置にいるのか、「ザクセンブルート（ザクセンの血）」の音楽を聴くのか、それとも「キルミナティ」か、または「ヘレーネ・フィッシャー」か、といったことはどれも重要ではない。事件後、ザクセンの警察は、クラウスニッツの難民宿泊施設へ向かう道で抗議をしたのは約百人の集団で、大部分が地元の人間だと発表した。

重要なのは、この人たちがなにを言い、なにをするかだ。重要なのは、彼らの行為だ——その意味でのみ、私は本書で彼らを、憎み、わめき、抗議し、誹謗する者と名付ける。行為を——その行為を成す人をではなく——見つめ、批判することこそが、行為者が自身の行為から距離を取ること、自身を変えることを可能にする。こういった見方をすれば、批判すべきは、個人または集団ではなく、その個人または集団がある具体的な状況下で言うこと、成すこと（そしてそのせいでもたらされる結果）となる。そうすれば、彼らも別の状況では別の行動を取る可能性があることを、認めることができる。つまり、重要なのは、以下のことだ——なにが彼らをこういった行為に走らせるのか？　彼らの言葉はどこに由来するのか？　この行為にいたるまでに、どんな経緯があったのか？　彼らが難民たちに向ける視線は、どのような価値観を前提としているのか？

クラウスニッツの映像が最初にアップロードされたらしいフェイスブック上のページ「デーベルン

は抵抗する――ドイツの異国化に反対する声」[14]には、ほかにも難民の移送に関係する写真十一枚と多くのコメントが寄せられており、短い映像はそれらのハイライトとでも呼ぶべき存在だった。[15]誰の撮った写真がいつアップされたのかは、サイトからはわからない。それらの写真は、難民宿泊施設から出発する、またはそこへ向かう複数のバスを写したもののようだ。一連の写真の一枚目は、暗闇のなかで撮影されたものだ。画像の中央には工場地帯のなかを通る空っぽの通りが見える。左端には二つの建物の一部と、一台の白いバスの半分が映っている。バスはちょうど、左折してふたつの建物のうちのひとつに向かうところだ。画像のタイトルは「デーベルンにて、目立たずこっそりと」で、さらに説明書きとして「午前六時過ぎ、オートリヴ社敷地にて。盗難、強盗の専門職が新たに到着」とある。

オートリヴとは自動車安全部品を製造するスウェーデンの企業で、二年前にデーベルンでの製品製造を停止した。一九九一年以来、デーベルンの地で、シートベルトやシートの調整装置、シートベルトのバックルなどを製造してきたのだが、五百人いた従業員を徐々に二百四十六人にまで減らした末、ついに二〇一四年、デーベルンの工場を完全に閉鎖し、製造拠点を東ヨーロッパに移した。[16]敷地の所有者と交渉の結果、二〇一五年末、空になった工場が、収容可能人数四百人の難民臨時受入施設に改装された。なんという奇妙なスライドだろうか――デーベルン工場を閉鎖した企業に怒りをぶつけたくても、相手がもはやいないため、怒りの本来の対象に代わって、新たにやってきた人々がはけ口になったのだ。つまり、怒りのはけ口となったのは、工場を閉鎖した者たちではなく、使われなくなった建物を必要とする人々だった。「盗難、強盗の専門職」と罵られたのは、オートリヴのマネージャーではなく、使い道のなくなった建物で暮らさなければならない難民たちだった。

別の写真には、バスの後部のみが写っていて、「まさに〈旅の楽しみ〉だ」と書かれている。「旅の楽しみ」というのは地元の旅行会社の名前で、自社のウェブサイト上で、彼らの提供する「旅の楽しみ」とはどんなものかを説明している。「素敵な仲間たちとの休暇はいかがですか。古い友人に再会し、新たな友人を作りましょう」二〇一六年二月十八日に、故郷から逃げてきた人たちが、どんな「素敵な仲間たち」に出会うことになったかは、その他の一連の写真から読み取ることができる。一枚の写真には、バスの前に一台の自家用車が斜めに停まっていて、明らかにバスの行く手を塞いでいるのが写っている。(17) さらに別の写真にはトラクターが写っていて、ショベルに取り付けられたバナーにはこう書いてある。「我々の国－我々の法－故郷－自由－伝統」。このスローガンはなかなか滑稽でもある。というのも、「故郷」「自由」「伝統」のどの概念を取っても、そこからなんらかの法則を導き出すことなどできないからだ。少なくとも「自由」と「伝統」は相矛盾する可能性もあるという問題には、言及されていない。

一連の写真は、中心となる映像を取り囲む形で、一種の狩りの物語を浮かび上がらせている。難民を乗せたバスが野生動物で、最後には仕留められるという物語だ。それは、このウェブサイトを運営する者、支持する者たちにとって、決して不快な物語ではないはずだ（でなければ、こんなふうに記録され、公開されることはなかっただろう）。この狩りの物語に参加する者たちは、正義は自分たちの側にあると考えている。彼らは、二時間以上にわたってバスの進路が妨害され、女性や子供たちが恐怖に駆られ、身の危険を感じるような行為に対して、なんら疑問を抱いていない。逆に、狩猟チームはこの物語の締めくくりに、無力な獲物の前で、怒りと誇りに満ちた表情でポーズを取ってみせるのだ。

この狩りと進路妨害において興味深いのは、危険であるとされる対象に近づきたいという欲求だ。写真と映像に撮影されたのは二台の異なるバスである。最初の写真にあるデーベルンのバス、そしてクラウスニッツで進路妨害に遭ったバス。だがどちらの場合も、難民の移送が画像または映像という手段を使ってスキャンダルに仕立て上げられている点は同じだ。(「デーベルンにて、目立たずこっそりと」) クラウスニッツでバスの進路を妨害した者たちはいつからあの場所に立っていたのか、誰が情報を提供したのか、確かなことはわからない。確かなのは、バスの進路を妨害した者は皆、明らかに争いを望んでいたということだ。難民を恐れているはずの者たちが、その難民を避けてはいないのだ。難民たちは嫌悪され、避けられたのではなく、まさにその逆だった——すなわち、彼らはわざわざ探し出され、争いの場に引っ張り出された。抗議する者たちの決定的な動機が(彼らが主張するように)不安や懸念だったのなら、彼らは難民たちに近づこうとはしなかったはずだ。不安でいっぱいの人間は、危険な対象とのあいだにできるかぎり大きな距離を取ろうとするものだ。だが憎しみは逆に、その対象を避けたり、対象から距離を置いたりすることができない。憎しみにとっては、その対象は手の届く距離にいて、「破滅させる」ことができなくてはならないのだ。(18)

第二のグループ——クラウスニッツでバスの周囲にいた人々のなかの第二のグループは、傍観者だ。

彼らは、第一のグループに属す者たちのような憎しみにとらわれてはいない。おそらく、スキャンダル熱に浮かされるか、誰かを挑発するという娯楽で、日常の退屈を紛らわせたいだけの者もいただろう。また、わめいたりはせず、ただほかの者たちがわめく様子に驚くばかりの傍観者もいただろう。他の者たちが、自分にはとてもできないほどおおっぴらに羽目を外すようすを眺めることに、ポルノを見るような快感を覚えた者たちもいたかもしれない。映像には、こういった「不参加の参加者たち」の姿も見られる。彼らはただそこに立って、わめく者たちを注視する場を形成している。その注視をこそ、わめく者たちは必要とするのだ。自身を「民衆」だと主張するために。

それは一種の舞台で、わめく者たちに傍観者が加わることで、二重に壮大となる。壮大な舞台は観客に向けられている。挑発が激しくなればなるほど、観客は増えていく。その舞台は同時に、屈辱的な舞台に参加させられることに抵抗する術を持たない被害者にも向けられている。壮大な舞台は、被害者を不安に陥れるだけではなく、彼らを観客の前に引きずり出し、娯楽の対象へと貶める。「不穏な群衆」の演じる壮大な劇には、伝統がある。社会から取り残された者をこれみよがしに公の場で辱めること、抵抗できない人々がリンチを受け、迫害され、家や店が破壊される環境で、自身の権力をひけらかすことは、昔から受け継がれてきたやり方だ。クラウスニッツでの出来事は、特定の宗教、特定の肌の色、特定のセクシュアリティを持つ人間たちを迫害してきた歴史上のさまざまな舞台に、新たに書き加えられた一幕なのだ。お前たちはもはや安心して暮らすことはできない、我々はお前たちの身体を傷つけることができる、いつでも好きなときに。そう見せつけるのが、迫害者の意図である。

映像を何度も見返せば、バスの前でわめく群衆に対してよりも、この傍観者たちはなにをしているのだろうという疑問のほうに戸惑うことになる。なぜ、突っ立っているだけのこの人たちの誰ひとり、群衆に割って入らないのか。なぜ誰ひとり、スローガンを叫びたてる男たちを落ち着かせようとしないのか。なぜ彼らは警察にすべてを委ねて、自分たちはのほほんとしているのか。彼らは皆、クラウスニッツに暮らす隣人どうし、知人どうしのはずだ。学校、職場、通りで見知った者どうしだろう。もちろん、後から引っ越してきた者もいるだろう。だがほとんどは互いに知り合いのはずだ。どうして誰も進み出て、「おいおい、もうそれくらいにしておけよ」と言わないのだろう。サッカーチーム内のもめごとなら、それで収まるだろう。どうして誰も「そろそろ帰らないか?」と言い出さないのだろう。もしかしたら、誰も言い出す勇気がなかったのかもしれない。あまりに不穏な雰囲気になっていたのかもしれない。叫ぶ者たちの怒りがあまりに激しくて、彼らを批判するようなことを言うのはもちろん、そもそも話しかけることすら危険だったのかもしれない。

だがそれならどうして、傍観者たちはその場に居続けたのか。どうして家に帰らなかったのか。傍観者がその場に留まることで、バスのなかにいる人たちに対立する群衆の数は増えることになる。その場に立って見ていることで、憎しみを表現する者たちは、より多くの共感を得ることになる。彼らはそこまでは考えなかったのかもしれない。ただ見物したかっただけなのかもしれない。傍観することもまた、他者を害するひとつの行為であることにも気づかず。もしかしたら、すべてが終わった後になって初めて、不愉快な気持ちに襲われたかもしれない。だとしたら、いまさらとはいえ、考えてみるべきだろう。傍観していた者は誰でも、その場を立ち去ることができたはずだということを。そうすることで、「私はこんなことをする人間ではない」という意思表示ができたはずだということを。傍観者の誰もが、態度で示すことができたはずなのだ。これは私の民族でも、私の言葉でも、私の行動でも、私の態度でもないと。そうすることに、それほど大きな勇気は必要ない。必要なのは、ほんの少しの良識だけだったはずだ。

第三のグループ——「怒りは、なにものにも守られることなく目立っている者に向けられる」。マックス・ホルクハイマーとテオドール・アドルノは、『啓蒙の弁証法』でそう書いている。[19] 映像に映っている第三のグループは、警察官である。まず、警察官がそこにいること自体は、安堵の材料だ。警察がいなかったらどうなっていたか、誰にもわからない。難民たちへの憎しみが暴力にまで発展していたかもしれない。その意味では、暴力的な攻撃を妨げることのできる公権力がその場にいたのは重要なことだった。とはいえ、クラウスニッツの緊迫した状況に出動してきた警察官たちが、その場をうまく収めることができずにいたのは明らかだ。なぜだろう？　その理由は推測することしかできない。警察官たちはもしかしたら難民を守るほうに力を注いでいたのかもしれないが、バスの車内からの映像がないため、たとえそうだとしても、彼らがなにをどうしていたのかはわからない。それに、事件後にも、難民を守る試みがあったとは聞こえてこなかった。映像が示すのはただ、警官たちがどれほどの時間、わめく群衆の行為を眺めていたか——少なくとも、彼らの行為をやめさせられずにいたか——のみである。デモを封鎖する際に通常行われるような、メガフォンを通した呼びかけもない。違法行為があれば個人情報を記録し、強制的に解散させるという通告もない。その類のものは、なにひとつ見られない。警官たちは、毅然としてバスのなかの人たちのほうを向いているように見える。まるで、難民たちに対して、秩序を守るよう呼び掛けているかのようだ——バスの外で挑発する者たちと、それを傍観する者たちに対してではなく。何枚かの写真には、野次馬たちがバスを取り巻いているのに、制止する警官がひとりもいないようすがはっきりと写っている。警察がこんなふうに怠惰と無力感が奇妙にないまぜになった仕事ぶりを見せ、これみよがしのあいまいな態度を取れば、それはもっとやれという群衆への合図にしかならない。

　もちろん、警察を一方的に非難しないためにも、あの状況においてはひとつの客観的な問題があったことにも言及しておかねばならない。つまり、バスの前で群衆が怒鳴っている限り、難民たちは恐怖のせいでバスを降りることができなかったのだ。だが警官たちは、まずは群衆を押し戻しておいて、それから難民たちにバスを降りるよう穏やかに促したのではなかった。警察がついに決然と力の行使に出たのは、車内の難民たちが抵抗を始めたときだった。つまり、秩序を守るよう呼びかけられたのは、難民宿泊施設にバスが到着するのを妨げる人々ではなく、脅され、わめき声を浴びせられる人々のほうだったのだ。バスの外の「民衆」に向かって中指を突き立てたひとりの少年は、警察官によって乱暴にバスから引きずり降ろされた。まるで彼が、すでに二時間以上も百人を超える人間に取り囲まれて罵倒され、脅されてきた子供ではなく、犯罪者であるかのように。もしかしたら、別の方法で状況を解決したかった警察官もいたかもしれない。もっと迅速に、怖がっている難民たちにもっと優しく接したかった警察官もいたかもしれない。そうだとしても、そんな警察官の出る幕がなかったのは明らかだ。

＊

バスの進路妨害および怒鳴り声を記録したこの映像には、難民の側がなんらかの間違いを犯したようすはまったく見られない。この映像にも、その後の報告にも、車内の難民たちが歓迎されない理由となるなんらかの事情は認められない。この映像には、そもそも車内にいる人たち個人に関することはなにも映っていない。こういう状況における憎しみは、具体的な現実を無視または誇張することでこそ、その独特の力を発揮する。現実の指示もきっかけも必要ない。なんらかのステレオタイプの投影で事足りる。憎しみは確かに難民たちに向けられている、すなわち難民たちを対象としてはいるが、その憎しみの理由は難民たちではない。タイターニアがボトムを愛する理由が、ボトムがありのままのボトムだからではなく、魔法の液の作用がそう仕向けているだけであるように、クラウスニッツでバスの進路を妨害した人たちが難民を憎むのも、難民が難民だからではない。他者を尊敬、尊重するための前提が他者の認識であるのと同様、他者を軽視し、憎むための前提は他者の誤認である場合が多い。憎しみの場合も、その原因と対象とが一致するとは限らないのだ。タイターニアがボトムを愛する理由を説明することができるように、クラウスニッツの人々も、難民を憎む理由を説明することができるだろう——だがそれは、憎しみの本当の理由ではない。彼らは単に、バスのなかの難民のみならずあらゆる難民たちに、自分たちが「憎むべき」「危険な」「身の毛もよだつ」と考える特徴をあてはめているだけなのだ。

この憎しみは、どのように生まれたのか。難民を「憎むべき」者ととらえる視線と思考パターンは、なにに由来するのか。

憎しみは無から生まれるわけではない。クラウスニッツでも、フライタールやヴァルダシャフでも。トゥールーズでも、パリやオーランドでも、ファーガソンでも、スタテンアイランドやウォーラー郡でも。憎しみには常に特有の文脈がある。憎しみはその文脈を理由とし、その文脈から生まれるのである。憎しみの拠り所となる理由、なぜあるグループが憎しみに「値する」のかを説明する理由は、誰かがある特定の歴史的文化的枠組みのなかで作り出さなければ、そもそも存在しない。何度も繰り返し持ち出され、語られ、表現されなければ、定着し得ない。既出のシェイクスピアのたとえを借りれば、こういうことだ——恋に落ちる効果を持つ魔法の液は、誰かが作らなければ存在し得ない。強烈で熱い憎しみは、長年にわたって準備されてきた、または何世代にもわたって受け継がれてきた冷たい慣習と信念の結果なのだ。「集団的な憎しみまたは軽蔑の構造は（中略）、社会的に軽蔑または憎しみの対象となる者たちから社会的な損失、危険、脅威が生まれるというイデオロギーなしには成立し得ない[20]」

クラウスニッツでの憎しみを招いたイデオロギーは、クラウスニッツでのみ作られたわけではない。

ザクセン地方でのみ作られたわけでもない。インターネット上、議論の場、出版物、トークショー、音楽の歌詞など、難民が基本的には決して尊厳を持った同等の人間とは見なされないあらゆる文脈で作られてきたものだ。憎しみと暴力を分析しようと思うなら、それらの下地となり、それらを正当化する思考パターンが浮き彫りになっているこういった言説を注意深く観察せねばならない[21]。クラウスニッツの映像が最初にアップロードされた前出のフェイスブック上のページ「デーベルンは抵抗する」も、大いに観察に値する。このページは特に有名なものではない。だが、バスのなかの人たちを人間として不可視の存在にし、なにか恐ろしいものとして可視の存在にする嫉妬と誹謗のパターンのすべてが、ここに見られる。だがこのサイトは、右翼過激派組織、PEGIDAに近いグループや個人など、ほかの無数のサイトに見られるイデオロギーのひとつの例に過ぎない。このイデオロギーは、その他の多くの例を用いて分析することもできる。

「デーベルンは抵抗する」を見て最初に目につくのは、現実の意図的な矮小化である。ここには、移民たちをそのユーモア、音楽の才能、技術、知的または芸術的または感情的な資質などを通して際立たせる記述も情報も説明もなにひとつ見られない。ちなみに、移民個々人の失敗、弱点、俗物性などの報告も同様に見られない。実のところ、ここにはそもそも「個人」が見あたらない。あるのはただ象徴的な存在のみだ。イスラム教徒の男性や女性(とはいえ、このページで扱われているのは主に男性イスラム教徒だが)の誰もが、全体の代表者と見られている。どのイスラム教徒または移民を全体の代表として利用するかの選択は恣意的だ。彼らの全員を悪だと断定するために必要な特定の例として利用できれば、誰でもいいのだ。

憎む者たちの世界は、テレビ番組「事件ファイルXY――未解決」と同じようなものだ――ただ「未解決」という言葉を除いて。悪いのは常にイスラム教であり、イスラム教徒の流入であり、難民の誰もが持っているとされる犯罪への衝動だ。社会は常に非常事態であると暗示され、個人的な幸福や、奇妙で不条理で感動的で、ときには腹立たしく面倒くさいこともある人間どうしの絆が入る余地はない。彼らの世界には、とにかく日常というものがないのだ。あるのはただ例外的なスキャンダルであり、それがすべての基準だと主張されている。彼らの世界には、文化的、社会的、または単に政治的な現実の多様性というものがない。無害な出会いもなければ、幸運な経験も、楽しい出来事もない。軽快なもの、楽しいものの一切は場違いなのである。

　こんなふうにフィルターのかかった目で世界を見ると、どんなことになるか。人間を繰り返し特定の役割、特定の位置、特定の特徴でばかり判断していると、どうなるか。最初のうちは、まだ憎しみなど生まれない。こういった種類の現実の矮小化がもたらすのは、まずなにより想像力の枯渇である。難民が常に集団として扱われ、決して個人としては登場せず、イスラム教徒が常にテロリストまたは文明の遅れた「野蛮人」として描写されるネット掲示板や出版物の致命的なところは、それが移民をなにか別の存在として想像することをほとんど不可能にする点にある。想像力が弱まれば、共感する力も弱まる。イスラム教徒あるいは移民としての在り方には無数の可能性があるが、それがたったひとつの形に収斂されてしまう。そして、それによって個人が集団と、集団が常に同じ特徴と結び付けられる。こういったメディアからしか情報を得ず、こういったフィルターのかかった目線を通した世界像、人間像ばかりを与えられれば、人は常に同じ固定イメージを抱き続けることになる。やがて、イスラム教徒または移民と聞いて、固定イメージとは別のものを思い浮かべることがほとんど不可能になる。想像力の枯渇だ。残るのは、こじつけの特徴や世間に出回っている批判によって操作された短絡的思考である。

現実の矮小化の過程を、一度別のたとえで想像してみよう。フェイスブック、新聞、テレビ番組などで、キリスト教徒が犯罪を犯した場合に限って取り上げられ、キリスト教徒が犯した犯罪のひとつひとつが、犯人の属する宗教との因果関係でとらえられるとしたらどうか。キリスト教徒の恋人たち、税法を専門とするキリスト教徒の女性弁護士、カトリックの農夫やプロテスタントの自動車整備工などについてのレポートも、聖歌隊や、キリスト教徒の俳優が演じる演劇祭についてのニュースもなにひとつなく、報じられるのはただクー・クラックス・クランや、過激な妊娠中絶反対派のテロや、家庭内暴力から児童虐待、果ては銀行強盗、誘拐、強盗殺人に至るまでの個々の犯罪のみ――それも、常に「キリスト教」という大見出しの元に――だとしたら。そういった見方は、人の感覚をどう変えるだろう。

「他者を傷つけるという人間の能力がこれほど高いのは、他者に対して適切なイメージを持つという我々の能力が非常に低いからである」と、イレーヌ・スキャリーは述べる[22]。前述のように想像力が枯渇した状態では、具体的に目の前にいる相手に共感する可能性さえなくなる。イスラム教徒のひとりひとり、移民のひとりひとりが個性を持った個人であること、トランスジェンダーのひとりひとり、黒人のひとりひとりが世界にひとりきりのかけがえのない存在であること、幸福と尊厳を求める基本的な欲求は皆同じであることをもはや想像することができなくなった人は、彼らが人間として傷つきやすい存在であることにも気づかず、すでに作り上げられたイメージしか見ない。そしてそのイメージが、その物語が、なぜイスラム教徒（またはユダヤ人、フェミニスト、知識人、ジプシーなど）を傷つけることが正当化され得るかという「理由」をもたらしてくれることになる。

ネット上でのこういった論調を見ていて絶望的な気持ちになるのは、これらすべてが過去にも存在したからである。なにひとつ新しいものなどない。他者に対するこういった知覚パターンは、現在特有のものではなく、歴史的な前例を持っている。まるで歴史的由来などないかのように口にされ、繰り返されているのは、実は常に同じ言い回し、常に同じイメージ、常に同じステレオタイプなのだ。こういったステレオタイプがどのような文脈で生まれ、悪用されてきたのかなど、誰も覚えていないかのようだ。こういったすべてがかつても同じように存在したことなど、なかったかのようだ。異邦人への憎しみも、基準から外れる者の排斥も、通りでのわめき声も、誹謗中傷の落書きも、国家または民族「同胞」という物語の創作も――そしてそこにふさわしくないとされる他者、「堕落した者」、「反社会的な者」の構築も。

「異国の男」が「俺たちの女」または「俺たちの娘」を凌辱するという思考パターンもまた、すでにナチスのプロパガンダに見られたモティーフである。ユダヤ人が「ドイツ女性」に襲い掛かるという警告は、反ユダヤ的テキストや風刺画などで繰り返された[23]。また、かつて「黒い恥辱」という概念のもとで、黒人は「白人女性」を性的に凌辱する危険な存在であると、さまざまなイメージを用いて喧伝された。これらのイメージは、現在でもいまだに――または、現在またもや――ほぼ同じやり方で流通している。今日、性的に危険な存在だと烙印を押されているのは、再び「異邦人」、黒人、難民である[24]。

だからといって、それは移民が犯した犯罪行為について報道しない理由にはならない。あらゆる形の性暴力が報道されるべきなのは当然だ。そんなことにわざわざ言及せねばならないこと自体、すでにおかしい。とはいえ、時間をおいて発表される（それゆえ詳細な情報を含む）レポートのほうが、迅速な（それゆえぞんざいな）レポートより重視されるべきではある。さらに当然のことながら、その種の犯罪行為について考える際には、そういう行為を条件づける、または可能にする社会的、経済的、イデオロギー的構造について問うことも必要である。カトリック教会のさまざまな機関における性的虐待スキャンダルの解明に際しても、聖職者による子供への性暴力を可能にした、または促進した要因はなにかという問題が議論された。その際、聖職者の独身制という宗教的教義や、同性愛の否定、司祭と子供とのあいだの特別な力関係および信頼関係、沈黙の掟などはもちろん、加害者の個人的な経歴にいたるまで、個別に分析することが必要であり、可能でもあった。だがこういった議論が行われても、それが即座に個人または社会単位でのカトリック教徒への疑念を生むことはなかった。個々のカトリック教徒に、カトリック教会に対する批判を公的に表明せよと要求する者など、誰もいなかった。

問題となるのは、特定の性暴力のみが報道される場合――すなわち、加害者が特定のプロフィールを持っている事件のみが報道されて、そうでない事件はほぼ報道されない場合だ。それによって、移民または黒人のイメージが必然的に「性暴力」のイメージと結び付くことになるからだ。一度、逆の場合を考えてみてほしい。犯罪が報道されるたびに、加害者は白人だという情報が付け加えられるとしたら。それも毎日のように。強盗、児童虐待、暴力などあらゆる犯罪において、加害者はヘクスター(なり別の場所なり、ドイツのどこかの町)出身の「白人」男性である、といった報道がなされるとしたら。そうなれば、肌の色が黒い加害者が犯した犯罪についての報道の割合は、急激に減ることになるだろう。もちろん、ある種の犯罪がほかの犯罪に比べて報道に値しない、または重要でないと暗示しているわけではない。ただ加害者の属性が、犯罪者全体においてどれほどの割合を占めるのか、きちんと数量化して適切に見極めることが大切ではないだろうか。

繰り返しになるが、犯罪を犯す移民ももちろんいる。個人のみならず集団による犯行もある。ケルンでの大晦日のおぞましい事件が、それを裏付けている。そしてもちろん、ああいった事件について同じように容赦なく報道することは、必要でもあるし、正しいことだ。適切な報道とはまた、ケルンの加害者の属性と事件の経過を深く詳細に分析し、こういった犯罪行為を促進し得る主な要因を挙げることでもある。男性優位主義的、家父長主義的な考え方に加えて、過度の飲酒も同じように大きな役割を果たしたのではないか。そしてもちろん、女性と女性の自立性に対する蔑視が、どのような文脈と論調で養われるのかも考察せねばならない。批判されるべきなのはまさにこの論調であり、既成の女性蔑視イデオロギーなのである。ところが現実の事件においては、残念なことに、人種差別的、性差別的妄想が入り乱れる。しかし、妄想が現実を覆い隠してしまうというこの現象こそが、さまざまなテキストや画像を使って検証され、考察されねばならない。そうすることは、思うほど難しくはない。

クラウスニッツの映像がアップロードされたフェイスブックページ「デーベルンは抵抗する」の周辺では、「人種」という概念は用いられない。代わりに語られるのは「文化」であり「移民」であり「宗教」だ。だがこれらは人種差別または反ユダヤ主義といった社会的なタブーを覆い隠すための概念であり、暗黙のうちに示されるイデオロギーは不変のままだ。ある特定の集団に向けられる敵意はいまだに存在するし、特定の集団に対して歴史とは無関係な不変の特徴がいまだに押し付けられている。ただ「人種」という概念が抜けただけだ。同じ疎外の構造に、同じイメージやモティーフが使われる——ただ使われる言葉が違うだけだ。政治的な意図がすぐに察知されてしまう「危険な言葉」は使われない。それゆえ、現在では守られるべきものとして「西洋社会」「民族」「国家」という言葉が使われるが、それらが正確になにを指しているのかは明らかにされないままだ[25]。

彼らの描く世界には、楽しいもの、軽やかなものがまったく存在しない。偶然も存在しない。どんな偶発的な出来事にも意味が与えられ、背後に誰かのなんらかの意図があると考えられる。人間なら誰でも犯す単純な間違いや事故などない。誤謬はすべてなんらかの意図の結果であり、偶然はすべて、自分たち同胞を抑圧し、自分たちに害をなそうとするなんらかの陰謀の結果だと見なされる。「デーベルンは抵抗する」のようなフェイスブックページや、それに類する無数の出版物の中心となるテーマは、同胞どうしの「交流」ということになっている。そこでは、異質だと烙印を押されたあらゆる人間——難民、移民、非キリスト教徒、非白人——は権力者によって操られており、「同胞」を迫害する、という図式に沿ってさまざまな議論が交わされている。恐れられると同時に望まれてもいるのは、内戦が起こるというシナリオで、こういった妄想世界にモティーフとして通奏低音のように響き続ける。

このような文脈で常に繰り返されるのは、終末論的な物語だ。同胞の没落、同胞の迫害といった（古い）物語が、自分たちの使命を特別に重要で運命的なものとして美化するために、劇的に再構築される。世界は、弱小化し破滅の危機に瀕するドイツ国家の市民たちの側と、彼らの没落を積極的に画策するとされる者たちの側とに二分される。彼らが敵と見なす側には、実際には文明社会を支え、当然のように難民たちと連帯し、難民に助けの手を差し伸べる人間たちも含まれる。彼らは「善人」だとか「駅で拍手するやつら」と蔑まれる（まるで、善人であることや、列車で到着した難民に歓迎の拍手をすることが恥ずべきことであるかのように[26]）。

自分たちの行動や信念に向けられる外部からの批判は、言及されることすらない。「同胞」対「異邦人」、「我々」対「彼ら」という二極化された世界観は、批判を最初から跳ね返してしまう。批判は、自身の土地、民衆、国家のための唯一正当かつ真なる戦いに身を捧げる者たちに対する検閲、弾圧、情報操作だとして貶められるのである。こうして、異議や疑念をさしはさむ余地がないとされる閉鎖的な思想が完成する。疑問視されるのは、女性や子供を脅したり、難民申請者施設に放火したりする者ではなく、それを批判する者になる。批判的な報道は、愛国的、英雄的に立ち上がる者たちを称揚しない悪意ある「虚偽のメディア」の証拠としてしか通用しなくなる。彼らはパラノイアに取りつかれており、すべてを自身の妄想の裏付けだと捉える——そしてそのせいで、自身の攻撃性を正当防衛だと思い込むことになる。(27)

こういう類のフェイスブックページを長時間読むのは楽ではない。同性愛者であり、ジャーナリストでもある私自身が、彼らの世界で特に憎まれる社会的集団のうちのふたつに属するからだ。私は自分がなんらかの集団の一員であるとは考えていないが、憎む者たちにとっては、そんなことは重要ではない。私のような人間は、彼らの世界においては、さまざまな特徴や傾向を持つ個人としては、いずれにせよ不可視の存在なのだから。駅で拍手をしたことが一度もなくても、私は軽蔑される人間たちのひとりなのである。私の愛し方ゆえに。考え方、書き方ゆえに。とはいえ、私が憎まれるのは、少なくとも私の行為の結果である。それはほとんど特権とさえ言える。肌の色や身体のせいで憎まれ、軽蔑される人たちもいるのだから。私は白人で、ドイツのパスポートを持っている——どちらも偶然与えられた条件だ。だがそのどちらもが、黒人だから、イスラム教徒だから、またはその両方だから、または有効な書類を持たないからという理由で、私が受けるよりずっと大きな憎しみと軽蔑になすすべもなくさらされている人たちと私とを隔てるものなのだ。

こういった憎しみに不快な思いをするのは、憎しみの対象とされる者たちばかりではない。私がこういったサイトを不快に思うのは、その反知識人、反同性愛の言説のせいばかりではなく、そこに非人間的な言説があるときだ。一般化された「彼ら」に敵対する言説ばかりがあるときだ。誰が目に見えない不気味な「他者」だと想定されるかは、まったく重要ではない。極端な話、憎しみの対象は左利きの人間やＦＣバイロイトのファンであってもおかしくない。根本的に私が不快に思うのは、人間を誹謗する排斥と攻撃のメカニズムそれ自体だ。

*

フェイスブックページ「デーベルンは抵抗する」は、クラウスニッツ映像周辺の議論を構成するひとつの小さな輪でしかない。そこにはさらに、難民受け入れに反対し、難民を歓迎する者たちを委縮させる諸グループのいくつもの輪が加わっている。これらの輪は、いまはまだ極端な周辺現象として孤立しているかもしれない。だが、こういった輪の周りには、ネット上または自宅で交わされる会話に引用されるようなイデオロギー上の材料を与え、手本となる言説を用意するあらゆる人々の輪が存在する。[28] これら憎しみを育む者たちのなかには、通りでわめき声をあげたり放火したりする活動家のように堂々と自身の信条をさらけ出すことなど決してなく、彼らの「関心事」を市民的なうわべで隠している者もいる。公的には憎しみや暴力に反対しながら、常に洗練された言い回しで信条を表現する者だ。この意図的な二律背反戦略は、ＡｆＤの政治家たちのみならず、難民を無頓着にテロリストや犯罪者と同視し、イスラムを信仰共同体として受け入れることを拒み、国境での難民に対する発砲命令についてささやき交わす者たちもまた用いている。

憎しみと不安を煽ることで利益を得ようとする者たちのことも、忘れてはならない。不安を煽って利益を得る者は、その利益が高視聴率であれ、有権者の票であれ、派手なタイトルのベストセラーを出版することであれ、わかりやすい見出しで多くの人の注目を集めることであれ、皆、通りでのいわゆる「リンチ」からは距離を置きたいと思っている。だがそれを経済的に利用する術は心得ているのだ。

憎しみを育む者たちと不安を煽る者たちのなかには、特殊な形式ではあるが、ベイルートからブリュッセル、チュニスからパリにまで及ぶ連続殺人を犯したＩＳ（イスラム国）と呼ばれる国際的テロ組織も含まれる。ＩＳの思想伝達の方法は、「新右翼」のプロパガンダ担当者たちと同じ戦略に従ったものだ。すなわち、差異の論理に従ってヨーロッパ社会を分断すること。ＩＳのテロ攻撃によってイスラム教徒に対する恐怖が煽られるのは偶然ではなく、意図的な結果だ。映像撮影された残虐行為の様子や、ポップカルチャー風に演出された無力な人質の処刑、大量虐殺などの手段で、ＩＳは意図的、計画的に我々の社会にくさびを打ち込む――テロへの恐怖が、ヨーロッパに暮らすイスラム教徒全体に対する不信に、さらには彼らの孤立化に繋がればいいという、決して非合理的とは言えない望みのもとに。[29]

多様で開かれたヨーロッパ世俗社会からイスラム教徒を切り離すことこそ、ＩＳのテロの明確な目的である。それを達成するための手段が、システマティックな二極化だ。[30] ＩＳのイデオロギー指導者は、あらゆる混交を嫌う。あらゆる文化的交流、啓蒙化された近代精神がもたらすあらゆる宗教的自由を嫌う。こうして、イスラム原理主義者と反イスラム過激派とは、互いが互いの奇妙な写し鏡となる。両者は、憎しみと文化的宗教的画一性という共通点でつながっている。それゆえ、右翼の掲示板には常にヨーロッパ諸都市におけるＩＳの恐ろしいテロ攻撃についての報告が上がる。客観的な暴力、ＩＳが実行する現実のテロが、まさにこの暴力とテロから逃れてきたすべてのイスラム教徒に対する主観的な妄想の下地となるのだ。テロ攻撃が起こるたびに、イスラム教徒に対する恐怖は正当なものだと主張される。虐殺が起こるたびに、リベラルな開かれた社会など幻想だと誹謗される。パリとブリュッセルにおけるテロ攻撃を、まずなにより自分たちの世界観が正しいことの客観的な証拠だと捉えた多くの政治家やジャーナリストの反応も、これで説明がつく。彼らにとっては、テロ犠牲者の親族とともに悲しむことより、自分が正しいと主張することのほうが重要なのだ。

さらには、行動を起こさない者たちもまた、憎しみを可能にし、育むのに手を貸していることになる。自分自身は行動しないが、他者の行動に理解を示し、それを許す者たちだ。暴力と脅迫という手段には賛成しないが、憎しみの対象となる者たちのことを見下している、こうした人間たちのひそかな許容がなければ、憎しみはこれほどの効果を持たないし、これほど執拗なものにもならず、ドイツのいたるところでこれほど爆発的に増大することもなかっただろう。彼らは自分では憎まない。他者に憎ませる。単に無関心で怠惰なだけなのかもしれない。関係のない出来事に割って入ったり、積極的に参加したりするのを好まないだけなのかもしれない。不愉快な争いに関わり合いたくないのかもしれない。平穏な日常を守りたい、現代社会の多様性、複雑性に煩わされたくないと思っているのかもしれない。

検察もまた、そういう者たちの一員だ。彼らは、難民や難民宿泊施設への攻撃、同性愛者への攻撃などの事件では、捜査を意図的に遅らせる。また、ドイツ人目撃者のことは信用できると見なし、そうでない目撃者には、なにを見たのか、聞いたのかと最初から尋ねもしない警官たちも同様だ。ユダヤ人やイスラム教徒やロマを嫌悪しているのに、その嫌悪を外に出さないでいるだけの人間たちもそうだ。彼らの拒絶感は、用心深く表現される。盲目的な憎しみではなく、ささやかな懸念として。彼らはこう言うのだ――難民宿泊施設を攻撃する人たちや、「エリート」や「ワシントン」を非難するメディアは、社会から疎外された存在なんだ、そういう人たちのことも真剣に受け止めなくてはならない、彼らの感情を見下したり、無視したりしてはならない、と。

クラウスニッツで見られた憎しみは、単なる周辺現象ではない。準備され、許容され、様々な理由と同意を得て、とうに社会の中心に居座っている。そのために必要なものは、決して多くはなかった。権利などいずれにせよほとんど持たない人々のなけなしの権利を、常に少しずつ見下し、疑問視するだけで足りた。役所で移民に対して常に不信感のこもった対応がされるだけで足りた。ひとりひとりの警官がロマを性急に、必要以上に厳しく職務質問するだけで足りた。通りでの嘲りの大声、トランスジェンダーに関する屈辱的な法律、「同性愛ロビー」なるものが存在するという噂話、「たまにはこれくらい言わせてもらってもいいだろう」という枕詞で始まる類のイスラエル批判で足りた。行為や習慣、言い回しや冗談、ちょっとした意地悪や粗野で無礼な態度といったものの混合物は、あまりにさりげなく、一見無害に思われる――だがそれは、それを向けられた人たちを粉々に破壊するものだ。

そんなものは憎しみではない、心理的暴力でもない――そう反論する者たちのほとんどは、自分が通りに立って侮蔑の言葉をわめいている人間たちと同類だとは思っていない。だが、「基準」から外れた人間たちが安心も、仲間意識も、受け入れられているという感覚も持てない強力な空間は、静かな許容や密かな賛同によって拡大していくのである。そして、多くの人間にとって暮らすことのできない、足を踏み入れることのできない場が生まれる。ほかとは違う信仰や愛情や外見を持つ者たちが不可視の存在となるあらゆる場所、彼らがまるで血と肉を持つ人間ではないかのように、地面に影を落とす生身の人間ではないかのように見過ごされるあらゆる場所、「標準」から外れる者たちが床に転ばされるあらゆる場所、彼らを助け起こし、謝る者が誰もいないあらゆる場所、周りと少しばかり違う者たちが怪物に仕立て上げられるあらゆる場所で、憎しみの共犯関係が生まれるのである。

＊

ちなみに、映像はもうひとつある。事件後しばらくたってから撮影されたものだ。撮影者は難民のひとりだ。見えるのは画面の中心の部分だけで、左右の端はぼんやりしている。その映像は、憎しみがどんな被害をもたらすかを示している。憎しみが、それが向けられた人々になにをもたらすかを。

バスに乗っていた難民のひとりが、床に座り込んでいる。ヴェールをかぶった女性で、泣きわめいている。何度も両手で自分の膝を叩いている。その隣にひとりの若い女性がしゃがんで、彼女をなだめようとしている。だが彼女は泣き止まない。ずっと抱えてきた不安と恐れに、新たにもたらされた不安と恐れ、すべてをもはや押し殺すことができない。それは絶望的な、身も世もない号泣だ。

カメラが移動し、簡素な部屋が映し出される。どうやらバスに乗っていた難民たちがようやく入居することができた宿泊所らしい(31)。難民たちはへたりこんでいる。床や、小さなテーブルの周りの椅子に。黙ったまま、疲れ切って、壁にもたれたり、互いに寄りかかったりしている。明らかにショック状態だ。長い逃避行を経ても、いまだに暴力から逃れられないのだ、安らげる場所、もはや気を張り詰めて過ごさなくてもいい場所、ようやくなんの不安もなしに暮らせる場所に着いたわけではないのだというショックだろう。映像のなかで、彼らがそう言っているわけではない——ただ冒頭の女性ひとりが、泣いて絶望を表現している。

この女性や、バスに乗っていたほかの難民たちが、祖国でどのような目に遭ってきたのか、具体的なことはわからない。レバノン、イラン、アフガニスタン、シリアでの戦争と迫害で、彼らがどんな体験をしたのかは、推測することしかできない。なにから逃げてきたのか、誰を残してこざるを得なかったのか、夜中にどんな恐ろしい光景が脳裏によみがえるのか、この映像からはなにもわからない。だが、彼らがこの国で体験したことが我々にとってどれほど恥ずべきことなのかは、この映像を見た者なら誰でもわかる。自身が作り出した怪物の姿以外のものを知覚できる人間ならば。

一方、クラウスニッツの事件については、もうひとつ紹介せねばならない話がある。自身を「民衆」だと主張する者たちとは別の人間たちの話だ。彼らは、憎しみと喚き声とでつながる「我々」の一員ではない。それゆえ、さほど注目を集めることもなかった。彼らは話題になることも、拍手喝采を浴びることもなかった。だが彼らもクラウスニッツの一部だ。彼らの話を聞こうと思うなら、まずは彼らを探し出さねばならない。なぜなら、彼らの声は憎む者たちのそれほど大きくはないからだ。

そんな目立たないクラウスニッツ市民のひとりが、ダニエラだ（姓は公表したくないということだった）。ダニエラは、自分の視点に興味を持つ人間がいるということに驚いていた。Eメールでのやりとりを経て、ダニエラは電話での長時間にわたるインタヴューに同意してくれた。そして、クラウスニッツ事件の夜の自身の体験を語ってくれた。

事件前日、地域の「難民ネットワーク」のメンバー数人が、新たにやってくる難民たちをどうやって歓迎しようかと話し合った。ダニエラによれば、難民たちになにを言えばいいか、どう歓迎の意を表せばいいかを考えたうえで、クラウスニッツの宿泊所にプレゼントとして果物を持ち込み、歓迎の言葉を準備していたという。ダニエラは事件を仲間たちと一緒に、難民たちが入居することになっている宿泊施設のなかから目撃した。そこにいれば安全だった。ダニエラや仲間たちは、それ以前から何度も言葉による攻撃を受けてきていた。ネットワークのメンバーのひとりは、事件当日、家に火をつけてやると脅されたという。

ダニエラは、難民の受け入れに反対しようと通りにどんどん人が集まってくるのを目撃した。皆が知人だったが、ダニエラ自身はそこに加わらなかった。距離を置いていた。皆がクラウスニッツの隣人たちだ。一家の父親もいる。子供を連れてきている者もいた。まるで、子供にはなるべく早く難民を脅す体験をさせるべきだとでもいうかのように。一台のトラクターが現れて、宿泊所の約五十メートル手前で道を塞いだときにも、ダニエラはまだ宿泊所内にいた。「いやな予感がしました。どうしていいかわかりませんでした。なにかが起きるだろうことは確実でした」ついにバスが現れたとき、そして状況がエスカレートして、どんどん多くの人間が難民の前に立ちふさがり、憎しみをぶちまけはじめたとき、ダニエラが見たのは「盗難、強盗の専門家」ではなかった。「侵略者」でもなければ、「我々の女性」を凌辱する「外国人」でもなかった。ダニエラが見たのは、脅される人間たちだった。「難民たちの顔には、恐怖がありありと表れていました。難民たちが気の毒でなりませんでした」

これに先立つ一月、クラウスニッツの町立体育館では、難民宿泊所の計画について議論がなされた。その際、外国から来る男たちが町の女性や少女に手を出すのではないかという懸念を表明した住民もいた。でも、まさに女性や子供たちこそが、クラウスニッツに避難してくるのではないか、という反論があった。ああ、それなら話は別だよ、ということになった。女性や子供たちを乗せたバスが到着した夜、ダニエラはそのときのことを思い出していた。女性や子供は別だなどという話はもはや通用しなくなっていた。憎しみがあらゆる躊躇を吹き飛ばしていた。そこにはもう個々の差異も詳細もなかった。もはや個人はいなかった。こんなことになっているのに、どうして警察が皆を押し戻さないのか、どうして退去命令を出さないのか、宿泊所のなかから見つめている者たちには、理解できなかった。
事前に考えていた歓迎の言葉は、状況を考えればもはや滑稽でしかなかった。「私がようやくお世話できた最初の女性は、もうすっかり参ってしまっていました。もう歩くことができなかったんです。泣き叫んでいました。そして気を失いました。私たちが部屋まで抱いて運びました」ダニエラはその女性の傍につきそった。何時間も。言葉は通じなかったが、それでも女性と話をした。ダニエラが家に帰ったのは、真夜中を迎えるころだった。果物は宿泊施設に置いてきた。バスの前に立ちふさがっていた憎む者たちはどうなったのですか、と私が訊くと、ダニエラはこう答えた――難民たちが施設のなかに入ったとたん、あたりは急に静かになりました。ものすごく静かに。

*

クラウスニッツは、憎しみのひとつの例に過ぎない。憎しみを準備し、作り出し、人間を不可視であると同時に不気味な存在に仕立て上げる知覚パターンのひとつの例に過ぎない。クラウスニッツでは、難民を乗せたバスが標的となった。他の町、ほかの地域で標的になるのは、肌の色が異なる者、セクシュアリティが異なる者、信仰が異なる者、性別が不明瞭な身体を持つ者、若い女性、年配の女性、キッパをかぶった者、ヴェールで頭を覆う者、家のない者、パスポートのない者だ。憎しみの対象に仕立て上げることのできる誰か。彼らはクラウスニッツの場合のように脅され、犯罪者の烙印を押され、異常者だと見なされ、避けられ、攻撃され、傷つけられる。

いずれにせよ、彼らは傷を受ける。だがどれほどの傷を受けるかは、ほかの者たちが彼らの側に立つかどうかにかかっている。「怒りは、なにものにも守られることなく目立っている者に向けられる」と、ホルクハイマーとアドルノは書いた。これは、憎しみと暴力で公の場を支配し、不安の場に変えてしまうあらゆる者たちと闘えという、国家機関に対する、警察と捜査機関に対する要請だ。だが同時にこれは、我々全員に対する要請でもある。誰かが侮蔑の泥沼にはまろうとしていないか、常に目を配っていろ、という要請だ。そこには誹謗と憎しみの奔流が渦巻いているが、たったひとつの身振り、たったひとつの異論または承認があれば、誰もが踏みしめて立つことのできるたしかな足がかりを、再び作ることができるのだ。

*

憎しみと蔑視

2　組織的人種差別（スタテンアイランド）

けれど私はただ単に、ほかの人間たちのなかのひとりでいたかっただけです。つるつるした若い肌をもって、私たちのこの世界に生まれてきたかったと思います。ほかの人たちと一緒になにかを築き上げるために。

フランツ・ファノン『黒い肌、白い仮面』

彼らはなにを見ているのか。私が見ているものとは違うのだろうか。ユーチューブにアップされたその映像の無修正ヴァージョンは、十一分九秒間続く。[32]そこにはアフリカ系アメリカ人であるエリック・ガーナーが、真っ昼間に、美容製品を売る店の前の歩道に立っている姿が映っている。Tシャツに、ベージュの膝丈パンツ、スニーカーという服装だ。ガーナーは、ともにベースボールキャップを目深にかぶって隣に立つふたりの白人私服警官ジャスティン・D、ダニエル・Pと話している。[33]Dがガーナーに警察証を見せて、なにかを要求する。なにを言っているのかは聞き取れない。「立ち去れ？どうして？」と言って、ガーナーが両腕を広げる。どこにも武器は見えない。ガーナーは警官を攻撃してはいない。実際、話しているあいだ、ほとんどその場を動かない。逃げようとするようすも見せない。腕を広げるという動作がなにを意味するのかは明瞭だ。エリック・ガーナーは、どうして警官に話しかけられたか、わからないのだ。これは、「自分はなにもしていない」という動作だ。画面の右側に映っている警官Dがなんと答えたのか、正確な言葉は聞き取れない。だがどうやら、ガーナーが「ルージー」すなわち箱入りでないバラの煙草を売って（脱税して）いるのだろうと非難しているようだ。エリック・ガーナーは両手で顔をおおう。「あんたたちに見つかると、毎回ろくなことがないんだ。もううんざりだ」ガーナーは身体検査を拒否する。そもそもどうして警官に質問され、非難されねばならないかがわからないからだ。「今日で終わりにしよう。ここにいる人たちみんな、俺がなにもしてないって証言してくれるよ[34]」

「ここにいる人たちみんな」というのは、見物人のことだ。実際、無関係の通行人たちが割って入る。クラウスニッツと違って、彼らは見ているだけではなく、行動する。無関係ではなかったからかもしれない。自分たちの誰に同じことが起きても不思議ではないとわかっていたからかもしれない。毎日のように、同じようなことが起きている。ただ肌の色が白くないというだけの理由で。まず、携帯で一部始終を撮影したプエルトリコ系の通行人、ラムゼイ・オルタ。彼の声は何度も画面の外から聞こえてくる。自分が撮影している場面にコメントを入れているのだ。半ばカメラに向かって、半ばほかの通行人たちに向かって話している。映像の冒頭で、エリック・ガーナーの言うとおり、「この人はなにもしてないよ」と請け合うオルタの声が聞こえる。警官のひとりがそれを聞いて、邪魔な目撃者であるオルタを追い払おうとする。だがオルタは身分証明書を見せて自分が地元の住人であることを示し、その場に留まり続ける。警官が嫌がっても、撮影を続ける。警官たちは、確かにその場が撮影されるのを嫌がってはいるが、そのせいでエリック・ガーナーを放免するほどではない。正しいのは自分たちのほうなのだから、と思っていたのかもしれない。または、後からもめごとが起きても、たいがいは自分たちのほうが勝つと知っていただけなのかもしれない。もうひとり、割って入ってきた人がいる。映像に、ひとりの黒人女性がメモ用紙を持って進み出て、警官に名前を尋ねるようすが映っている。だがそれでも、その後に起きたことは防げなかった。

エリック・ガーナーと警官Dは何分間も議論を続ける。ガーナーは、自分は喧嘩を仲裁しただけだと説明する。それだけだ、と。何度も何度も、自分はなにもしていないとガーナーは繰り返す。画面の外からは、ガーナーの言うとおりだと請け合う声が何度も聞こえてくる。しばらくすると、画面の後方にいる警官Pが無線機で応援を要請しているらしい場面が映る。いったい、なんのための応援なのか。確かにエリック・ガーナーは非常に体が大きく、体重もある。だが誰に脅威を与えているわけでもない。いまの状況では、ガーナーはまったく危険な存在ではない。それになにより、ガーナーがいったいどんな罪を犯したのか、いまだに明らかになっていない。そもそもガーナーがなぜ逮捕されねばならないのかが、理解不能だ。身分証明書を提示できないから？　身体検査を拒否するから？　いったいこの警官たちの目にはなにが映っているのだろうか。どうしてこの、どこか途方にくれたようすの巨漢を放っておけないのだろうか。過去に「ルージー」を売ったことがあるとはいえ、その日、二〇一四年七月の午後、ガーナーがスタテンアイランドのトンプキンスヴィルにある美容製品店の前で脱税煙草を売っていたことを示唆するものは、なにひとつないのだ。煙草の入った鞄もバックパックもない。いったい警官たちの目にはなにが映っているのだろう？

映像には、怒りや攻撃性の兆候はまったく見られない。事態が暴力へとエスカレートすることを予測させるものはなにひとつない。ガーナーからは、怒りよりもむしろ絶望が見て取れる。ふたりの筋骨逞しい警官も、特に不安を感じているようすはない。警官なのだから、まさにこういう状況に対応する訓練を積んでいるのだろう。それに、ひとり対ふたりなのだし、いつでも応援を呼べる。ショートパンツ姿のガーナーがふたりに脅威を与えているわけでもない。四分以上にわたるやり取りの後、ジャスティン・Dがウェストバンドから手錠を取り出す。DとPはエリック・ガーナーの前後から同時に近づき、ガーナーが「頼む、触らないでくれ」と叫ぶ。そしてPに背後から羽交い絞めにされそうになって、身をよじる。逮捕を逃れようとする。(35) これは公権力への反抗と捉えられるかもしれない。だがガーナーは警官たちを殴ってはいない。彼らに攻撃をしかけてはいない。警官たちに背後から羽交い絞めにされたとき、ガーナーは両手を挙げる。そこへさらにふたりの警官がやってきて、彼らは四人がかりでエリック・ガーナーを地面に引き倒す。ガーナーは最初、地面に四つん這いになる。Pはいまだにガーナーの背後に食らいついたままだ。ガーナーの体の上に乗って、首を絞め続ける。いったいこの警官たちの目には、なにが映っているのだろう。

一九五二年、ポストコロニアル理論の古典である『黒い肌、白い仮面』で、著者であるフランス領マルティニーク出身の心理学者、政治家、作家のフランツ・ファノンは、黒い身体に向けられる白人の視線についてこう書いている。「Nは動物である。Nは悪い。Nは意地悪。Nは醜い。ここにひとりのNがいる。寒い日で、Nは震えている。Nが震えているのは寒いからだ。幼い少年が震えているのは、Nを怖がっているからだ。Nは震えている。骨が外れるほど寒いからだ。かわいい少年は震えている。Nが怒りで震えているのだと思っているからだ。幼い白人の少年は、母親の腕に飛び込み、こう言う。「お母さん、Nが僕を食べようとしてる」[36]」ファノンによれば、黒い身体が震えていれば、黒い身体に恐怖感を持つように育てられてきた白人の少年は、それを寒さのせいだとは考えず、怒りの兆候だと思う。ファノンによれば、白人の少年は、黒い身体から動物の身体を連想するように育てられる。予測のつかない、野性的で、危険ななにかを連想するように。白人の少年は、黒い身体を見るや否や、「悪い」「意地悪」「醜い」といった性質を連想する。そして即座に、「僕を食べようとしてる」と考えるのだ。

知覚や視野とは中立的なものではなく、歴史的な思考パターンによってあらかじめ作られたものだ。そこではパターンに合致するもののみが知覚され、記憶される。黒人が体を震わせることがいまだに怒りの表現だととらえられる社会、白人の子供たち（そして大人たち）がいまだに、黒人を避けるべき、恐れるべきなにかとして見るよう教えられる社会では、エリック・ガーナー（またはマイケル・ブラウン、サンドラ・ブランド、タミル・ライスほか、白人警官の暴力の犠牲になったすべての人たち）は、脅威であると見られるのだ。たとえなんの危険もない存在であっても。何世代にもわたってこういう見方をする訓練を積んできた結果、警官は実際に恐怖を感じていなくても、黒人の身体を不当に扱うことができる。恐怖はもうとうに、警察の組織的な自己認識へと変容し、そこに刻み込まれている。黒い身体をすべて、なにか恐ろしいものとして認識する人種差別的な思考パターンは、社会をまさにこの危険（と彼らが思いこんでいるもの）から守ることこそ自らの使命だと考える白人警官たちの態度へと乗り移る。たとえ白人警官個人はその場で憎しみや不安を感じていなくても、ためらいなく黒人の権利を制限することができる。こうして、抵抗できない死にかけた黒人の身体さえ、脅威とみなされるようになるのである。(37)

警官たちにのしかかられて、ガーナーは横向きに地面に倒れている。左手を背中に回され、右手は歩道の上にのびている。いまだにPが首を絞めている。警官は全員で、抵抗できないガーナーをうつぶせにする。いったい彼らの目にはなにが映っているのか。「息ができない」エリック・ガーナーのこの言葉が最初に聞こえるのは、映像の四分五十一秒目だ。「息ができない」二度目が四分五十四秒目。映像には五人の警官が映っている。全員でガーナーの黒い身体を痛めつけている。彼らはやめない。ガーナーの絶望的な叫びは、全員に聞こえたはずなのに。最初に絞め技でガーナーを地面に倒した警官が、いまは膝をつき、両手でガーナーの頭を歩道に押しつけている。「息ができない」四分五十六秒。二秒に一度の割合で、この言葉はガーナーの口から発せられる。四分五十八秒、「息ができない」「息ができない」「息ができない」「息ができない」――喘息持ちのガーナーは、十一回、あえぎながらそう言う。息ができないと。それから、なにも聞こえなくなる。

警官のひとりがカメラの前に立ちはだかり、画面を手でふさぐ。画面の外から声が聞こえる。「また警察が間違った相手を殴ってる」再び画面が明るくなると、エリック・ガーナーが地面に横たわっているのが見える。いまだに何人もの警官が、動かないガーナーの身体の上やその周りにひしめいている。画面の外から声が聞こえる。「この人は喧嘩を仲裁しただけだ。その結果がこれだ」一分後、エリック・ガーナーはいまだにそこに倒れている。もっとはっきり表現しよう——ひとりの人間が地面に倒れている。意識を失って。それなのに誰ひとり、抵抗できないその人間の手錠をはずそうとはしない。誰ひとり救命処置を施そうとはしない。ガーナーを取り囲む警官たちは、ぐったりした身体を持ち上げ、またすぐに下ろす。まるで物のように。彼らはガーナーという人間の心配をしてはいない。なぜなら、彼らは明らかにガーナーを人間としては見ていないからだ。彼らはまた、自分たちがやってしまったことの結果に興奮しているようすも、絶望しているようすもない。まるで、自分たちの暴力がエリック・ガーナーにもたらしたこの結果が、黒い身体にとっては最善の結果であるとでもいうかのように。

「他者の痛みを無視するのは、とても簡単なことだ」と、「他者の難解な像」でイレーヌ・スキャリーは書いている。「それどころか、他者に痛みを与えたり、他者の痛みを増幅しておきながら、なにも感じずにいることさえ可能だ」(38)

この映像になんとか耐えることができるのは、撮影者の声があるからにほかならない。撮影者がこの恐ろしい出来事のなにを変えられるわけでもない。だが彼は目をそらさなかった。じっと見つめ続けた。それは、この出来事に別の位置づけ、別の解釈を与える、反公認の視点、別の視点である。彼のコメントが、出来事に批判的な視点を付け加える。彼は自分の目に映るものを語る。警察からなんの理由もなく攻撃された抵抗できない人間のことを。「こいつら、喧嘩してるN…を止めに入ったわけじゃないんだぜ、喧嘩をやめさせたN…をつかまえたんだ」映像を撮影した目撃者ラムゼイ・オルタは、何度もその場を立ち去るようにと詰め寄られた。結局彼は立ち位置を変えて、美容製品店を正面から撮影する。その店の入口前にエリック・ガーナーが倒れている。そこでヴィデオは一端途切れる。どれくらいの時間がたったのかはわからない。映像が八分目に入ったとき、ようやくひとりの警官が意識を失ったエリック・ガーナーに歩み寄る。脈を測っているようだ。誰も心臓マッサージやなんらかの蘇生処置を行おうとはせず、ガーナーの助けになることはなにも起きないまま、さらに二分が経過した後、エリック・ガーナーを絞め技で倒した警官が画面に現れる。ダニエル・Pだ。目的もなくぶらぶらと歩いているように見える。撮影者がPに声をかける。「嘘をつくな、おい……俺はここで、このクソみたいな出来事をまるまる全部見てたんだぞ」Pは撮影者に近づき、拒絶するように手をひらひらさせる。まるで、撮影者がなにを見たかなどどうでもいいと言うかのように。まるで、重要なのは白人警官の視線だけだと言うかのように。Pは言う。「ああ、お前は何でも知ってるんだろうよ」その「お前」という言葉には、権力者が持つ軽蔑の響きがある。この「お前」が決して自分と同等にはならないことを確信している者の軽蔑。この「お前」という言葉には、目撃者がなにを見たかなどどうでもいいという確信の響きがある。なぜなら、白人警官のほうが、市井のプエルトリコ系目撃者よりも常に高い信頼を得られるからだ。

さらに、もうひとつの映像がある。別の角度からの映像だ。どうやら美容製品店の開いたドア越しに、なかから撮影されたものらしい。その映像は、ずっと後の時点のものだ。エリック・ガーナーはすでに地面に横たわったまま動かない。その周りには応援を要請されて駆け付けたパトロール警官たちがいて、ときにガーナーの重い身体を叩いたり、転がしたり、首の脈を測ったりしている。警官のひとりがエリック・ガーナーのズボンの尻ポケットを探る――だが誰ひとり、ガーナーの意識を取り戻すために努力している者はいない。画面の外から、ひとりの女性の声が聞こえてくる。「ニューヨーク市警のいじめ……あの人は本当になんにもしてないのに……救急車を呼ぼうとしないなんて……」誰もガーナーを助けようとはしないまま、さらに数分が過ぎる。いまだに誰もガーナーの手錠を外してはいないようだ。警官のひとりがガーナーのズボンのポケットから携帯電話を取り出し、同僚に渡す。約四分後、ひとりの女性警官がガーナーの上にかがみこみ、彼を観察するようすが映る。女性警官は立ったままガーナーの脈を測り、話しかけるが、それ以上はなにもしない。さらに数分が過ぎた後、救急車が到着する。エリック・ガーナーは担架に載せられる――カメラが少し横に動いて、ダニエル・Pの姿をとらえる。Pは自分が撮影されているのに気づいて、カメラに向かって手を振る。

エリック・ガーナーは病院へ運ばれる途中、心臓発作で死亡した。四十三歳だった。妻と六人の子供と三人の孫が遺された。検死局は後に、死因は「絞め技」「胸部の圧迫」「頸部への圧迫」だと報告している――そして、これは他殺（"homicide"）であると断定している。[39]

「恐怖！　恐怖！　つまり皆、私を怖がりはじめたということだ」と、フランツ・ファノンの著書

にはある。「私は息ができなくなるまで笑いたかった。だがそれは不可能だった」(40)

エリック・ガーナーを死に至らしめた絞め技は、偶発的なもののように見えるが、実際はそうではない。絞め技には長い伝統がある。ロサンジェルスだけでも、一九七五年から一九八三年のあいだに十六人の人間が絞め技の犠牲となった。ニューヨークでも、エリック・ガーナーの死の二十年前、ブロンクス出身の二十九歳の男性で、やはり慢性的な喘息を患っていたアンソニー・バエズが、警官の絞め技によって死亡した(41)。バエズが絞め技をかけられたきっかけは、煙草販売を疑われたことではなく、サッカーボールで遊んでいたことだった。そのサッカーボールがうっかり(この点は警察も認めた)、駐車中の警察車両に当たってしまったのだ。エリック・ガーナーを死に至らしめた絞め技は、ずいぶん前から違法になっている。ニューヨーク市警はすでに一九九三年に絞め技を禁止している。にもかかわらず、エリック・ガーナーの死亡状況を調査し、警官ダニエル・Pの行為を判断する任務を負った大陪審は、二か月にわたる審議の結果、Pの不起訴を決定した。

「破壊者が皆、たとえようもない悪人だというわけではない。彼らは今日にいたるまで、単にこの国の気分をそのまま実行に移す者たち、この国に受け継がれてきた力を正確に解釈する者たちに過ぎない」と、タナハシ・コーツは著書『私と世界のあいだに』で述べている(42)。そこには悪意や突発的な激しい憎しみさえ必要ない。コーツによれば、必要なのは、黒人のことは常に貶め、軽視し、不当に扱っても構わない、それで罰を受けることはないという、連綿と続く確信のみなのだ。必要なのは、黒い身体から危険を連想させ、それゆえ黒い身体に対するいかなる暴力も常に正当化する、受け継がれてきた想像上の恐怖のみなのだ。こういった歴史のなかで内面化された価値観のもとでは、エリック・ガーナーやサンドラ・ブランドや、チャールストンのエマニュエル・アフリカン・メソジスト教会の信者たちが、客観的に見て無抵抗だった、または無実だったと指摘しても無駄である。受け継がれてきた世界観においては、白人のパラノイアは常に正当化されるのだ。

エリック・ガーナーを死に至らしめた絞め技は、確かに個人的な行為ではある。あの状況で絞め技をかけたのはダニエル・Pという個人なのだから。だがあの絞め技は、最近#blacklivesmatter運動によって注目を集めている、アフリカ系アメリカ人に対する白人警官による暴力の歴史の一部である。白人による暴力への恐怖は、アフリカ系アメリカ人の集団的経験であり、奴隷制の遺産の一部だ。なんともやりきれないパラドックスである――黒い身体に対する人種差別的な恐怖は社会的に認知され、再生産される一方、烙印を押された黒人たちの側からの白人警官の暴力に対する正当な根拠のある恐怖は、まさにその人種差別の死角に追いやられたままなのだ。「エリック・ガーナーを窒息死させた警官が、あの日の朝、誰かを殺してやるぞと思いながら家を出たと信じる理由はない。理解せねばならないのは、あの警官は合衆国国家から権力を与えられており、アメリカの遺産を受け継ぐ者だということだ」と、タナハシ・コーツは書く。「このふたつの要素が必然的に、毎年のように破壊される身体のうち飛びぬけて多くが黒人のものであるという結果をもたらすのである」[43]

組織的な差別または組織的な人種偏見を追究するとは、警官ひとりひとりの間違った行為や人種差別的考え方を責めることではない。当然のことながら、黒人に対するあらゆる種類の差別や暴力を嫌悪し、決してそのような行為に及ばない警官も無数にいる。人種差別という歴史的な重荷と果敢に戦う熱意ある警官もいる。それに、地域の黒人住民に特別に気を配り、信頼を勝ち得、暴力を減らそうと試みる警察署もある。[44]だが残念なことに、どちらもが事実なのだ——個人としては清廉潔白な警官が大勢いることも、黒人の身体を白人のそれよりも大きな危険だと見なす、警察組織とその自己認識に深く根付いた人種差別が存在することも。警察はある意味で、アメリカ合衆国における黒人の日常体験の一部である社会の分断を反映している。

アフリカ系アメリカ人はいまだに、黒人でありながらアメリカ人であるという構造的な「矛盾」のなかで育つ。建前上、黒人はアメリカ社会の一部だということになっているが、実際にはいつまでも部外者である。[45]合衆国における社会の分断と黒人の置かれた不利な状況は、いまだに数字にはっきりと表れている。市民権団体「全米黒人地位向上協会（NAACP）」の統計によれば、アメリカの刑務所に収監されている二百三十万人の囚人のうち、少なくとも百万人がアフリカ系アメリカ人だ。アフリカ系アメリカ人は、白人より六倍頻繁に懲役判決を受ける。「センテンシング・プロジェクト」という組織の調査によれば、アフリカ系アメリカ人が麻薬犯罪で受ける懲役刑の平均（五十八・七か月）は、白人が暴行罪で受ける懲役刑の平均（六十一・七か月）に近い。一九八〇年から二〇一三年のあいだに、アメリカ合衆国では二十六万人以上のアフリカ系アメリカ人男性が殺害された。比較のために挙げれば、ベトナム戦争で亡くなったアメリカ人兵士の総数は五万八千二百二十人である。

自分自身が白人の場合、こういった構造的な差別の経験を想像するのは、ときに難しい。黒人だからといって、なにもしていないなら、どうして警官に職務質問されたりするだろう？　白人はそう考えがちだ。どうして理由もなく逮捕されたりするだろう？　自分から暴力に訴えたのでなければ、どうして殴られたりするだろう？　白人とまったく同じ罪を犯したのなら、どうしてより長い懲役刑を言い渡されたりするだろう？　白人はそう問いがちだ。なぜ——不正を日常的に体験していない者は、そう問うて恥じない。なぜ、この世界に不正がまかり通るはずがあるだろう、と。

自分が「標準」に当てはまる者は、「標準」などないという誤った思い込みを抱きがちだ。多数派に属する者は、なにが標準かを決定する多数派と外見が同じであることになどなんの意味もないと、往々にして誤解する。また、標準に当てはまる者は、そうでない者を自分たちがどんなふうに排斥し、貶めているかに気づかないことが多い。標準に当てはまる者は、その標準の影響力に気づかない。彼ら自身が許容するものが、当たり前として認められているからだ。だが、人権はすべての人間が所有するものだ。標準に当てはまる者ばかりでなく。それゆえ、どのような種類の逸脱、どのような形式の異質性が、共同体の一員であるために、そして尊敬と認知を得るために、好ましくないと考えられているかに、敏感でいることが大切なのだ。標準から外れた者が、日常生活において除外され、軽視されてどのように感じるかを語るときには、耳を傾けることが大切なのだ——そして、たとえ実際には一度も経験したことがなくとも、彼らの経験をもし自分がしたら、と想像してみることが。

なんの理由もなく警察から職務質問を受けるとしよう。一度目なら、不愉快ではあるかもしれないが、特に気分を害することもなく受け入れられるだろう。だが、何度も何度も理由もなく呼び止められ、身分証明書を提示させられ、身体検査を受けねばならないとしたら、それはもはや偶然ふりかかった不愉快な出来事ではなく、組織的な侮辱になる。そういう侮辱のなかには、構造的な人種差別や警察の暴力のみならず、彼らなら罪を犯しかねないという無言の偏見も含まれる。バラク・オバマはある記者会見において、黒人少年トレイボン・マーティン殺害事件との関連で、少年を日常的に傷つけていた数々のことがらについて語った。オバマが語ったのは、自身の体験であると同時に、スーパーマーケットでまるで泥棒のように規則的、徹底的に監視されたり、ビジネス上のローンがなんの理由もなく拒否されたり、通りに自分が出ていったとたん、周囲の車のドアが大慌てで施錠される音を聞かねばならなかったりといった、すべてのアフリカ系アメリカ人の体験でもあった。それらは常に、黒人が危険である、脅威である、不気味な「他者」であると認識されるがゆえの体験ばかりである。

毎日のようにそういった体験をせずに済む者たちには軽視されがちな侮辱が、もうひとつある——取り違えられるというものだ。実際に似ている誰かと取り違えられるのではない。ただ肌の色が同じだというだけの誰かと取り違えられるのだ。まるで、黒人は皆同じに見えるとでもいうかのように。私自身、この過ちを犯してしまったことがある。とはいえ、黒人に対してではない。一度、アメリカ合衆国で行われたあるセミナーで、講師として三人のアジア系アメリカ人の女子学生と向かい合ったことがある。彼女たちはそれぞれまったく似ていなかった。私の目の前に座っている限りは、当然簡単に見分けがついた。ところが、最初の週に、ひとりが私に面会に来たとき、その女性が三人のうちの誰なのかが、私にはわからなかった。彼女本人には、見分けがついていないことを隠し通せたと思う。それでも、あれは恥ずかしい体験だった。単なる経験不足のせいだったと思いたい。ドイツ人と日本人の両親を持つベルリンの友人が後に、逆にアジア人にとっても私のようなヨーロッパ人の顔を見分けるのは難しいことが多いと言って、慰めてくれた。普段あまり出会うことのない相手の名前や顔を覚えるのに、最初のうち苦労するのは、特に非難に値することではないかもしれない。だが、それを反省せず、彼らの名前と顔を——要するに、彼らを個人として——よりよく知ろうとしないことは、非難に値する。なぜなら、「取り違えられた」人——それも一度ではなく、何度も何度も——は、その体験を相手の無知のせいではなく、軽視のせいだと感じるからだ。まるで自分が個人としては認知されていないように感じるのだ[46]。

こういった種類の屈辱を頻繁に体験すれば、いずれある種の憂鬱に陥ることになる。それは、不可視または不気味という烙印を押された者なら誰でもよく知る憂鬱だ。毎日、毎週、通りやバーで人に遭うたびに、知人や見知らぬ人たちと言葉を交わすたびに、誤った憶測や偏見や汚名に対して反論し、説明せねばならない状況に陥ったら、気力が奪われるばかりではなく、精神のバランスまで崩れてしまう。イデオロギーに凝り固まった概念や規則、身振りや信条に傷つけられ続ける状況では、苛立つばかりでなく、感覚が麻痺してしまう。何度も何度も憎しみにさらされる者は、ときに口をつぐんでしまう。異常、危険、下等、病気だと烙印を押された者、自身の肌の色、セクシュアリティ、信仰、またはスカーフといったささいなものについてまで自己弁護を強いられる者は、自由に屈託なくものを言うための足場を奪われてしまうことが多い[47]。

加えて、見過ごされがちな「恥の瞬間」というものがある。人の言葉や身振りや行為や信条が、いつどのように自分を傷つけ、疎外するのかを、自分自身で指摘せねばならないのは、恥ずかしいものだ。少なくとも、私はそう感じる。心のなかでこっそりと、その場で差別を受けていない人たちも含めて皆が、その不正に気づいてくれることを願う。他者の道徳観に対する期待、または――もう少し穏便に表現すれば――自分の暮らす社会に対する私の信頼のなかには、抵抗すべきなのは侮辱や軽視を受けている者だけではないと皆が考えられること、すなわち、こういった侮辱に傷つけられたと感じるべきなのは、犠牲者のみならず、我々全員なのだと皆が考えられることも含まれる。その意味では、私自身が傷つけられる場に、ほかの誰かが介入してくれないかという期待とは裏腹に、実際にはなにも起こらないときには、どこか奇妙な失望を感じる。

それゆえ、自分自身のために声をあげるためには、常に恐怖心のみならず、羞恥心をも乗り越えねばならない。抗議をするにも異議を唱えるにも、その原因となった差別と、それに傷ついたということを口に出さねば始まらない。ハンナ・アーレントはこう言った。「ある種の人間として受ける攻撃には、その人間として抵抗するしかない」アーレントの場合には、ユダヤ人として受ける攻撃にはユダヤ人として対抗するしかないという意味だった。だが同時にそれは、自分がどんな人間として攻撃されたのかを常に問いかけ、それに対して自分がどんな人間として発言するかを決定することである。他者にとって不可視で不気味な存在としてなのか。他者の身振りや言葉、法律や習慣によって日常生活に不自由と重荷を感じる人間としてなのか。他者の知覚パターン、思い込み、憎しみに、もはや黙って耐える気はない人間としてなのか。

ことのほかつらいのは、軽視されることによって生まれる憂鬱を誰にも見せることが許されないという事実だ。自分が受けた傷を言葉にする者、常に除外され続ける悲しみをもはや抑え込まない者は、「怒りっぽい」（「怒れる黒人男《アングリー・ブラック・マン》」「怒れる黒人女《アングリー・ブラック・ウーマン》」という呼称は、無力な人間たちの絶望を「怒りっぽい」と解釈する、ひとつの定型である）、「ユーモアがわからない」（フェミニストやレズビアンに対する一般的な描写のひとつ）、自分たちの苦悩に満ちた歴史を利用して「利益を得ようとしている」（ユダヤ人に対して用いられる）とされる。こういった蔑視のレッテルは、なによりもまず、構造的な蔑視の被害者から抵抗する術を奪うために用いられる。被害者たちは、口を開くのが難しくなるようなレッテルを最初から貼られてしまうのだ。

侮辱されて傷ついたその瞬間、「怒りっぽい」「ユーモアがわからない」または「欲深い」などと思われないために、ことさら明るく振る舞い、感謝の念さえ見せねばならないことがどれほど難しいか。屈辱を受けたことのない者、社会的な軽視に抵抗する必要が一度もなかった者、不可視と不気味とのあいだのどこかに属するレッテルを貼られたことのない者には、なかなか想像がつかない。組織的な侮辱や軽視をつべこべ言わずに「おおらかに」受け流せという暗黙の要請によって、傷はさらに広がる。なぜならそれは、傷ついたり激昂したりする理由などなにもないという前提での要請だからだ。

おそらくそのためだろうが、エリック・ガーナーの映像のなかで、私の心に最も深く突き刺さる、最も辛い場面は、これまで数多く引用されてきた「息ができない」という言葉が発された瞬間ではない。なにより印象に残っているのは、エリック・ガーナーが警官に攻撃を受ける前に、こう言う瞬間だ。「今日で終わりにしよう」。そう言ったときのガーナーの声ににじむ絶望だ。「今日で終わりにしよう」──それは、何度も何度も職務質問され、逮捕されることに、もうこれ以上耐えられない人間の言葉だ。不正な存在という役割をもはや受け入れるつもりのない人間の言葉だ。常に屈辱を受け、貶められながら、それをおおらかに受け流せと要求される黒人の役割を、もはや受け入れるつもりのない人間の言葉だ。「今日で終わりにしよう」──ガーナーが終わりにしたいのは、人間を不可視の存在、または不気味な存在へと貶める視線でもある。地下鉄のなかの少年のような人を「見過ごし」て転ばせる視線、エリック・ガーナーのような人間を、たとえその人が手錠をかけられたまま意識を失って地面に倒れていてさえ、危険な存在と見なす視線である。

私がこの場面にこれほど心を動かされるもうひとつの理由は、それが、私がエリック・ガーナーをどんな人間として覚えておきたいかをはっきりさせてくれる場面だからかもしれない。警官たちの下敷きになって倒れている動かない身体としてではなく、死ぬ前に「息ができない」と言った人間としてではなく、「もううんざりだ。今日で終わりにしよう」と言った人間として、異議を唱えた人間として、永遠に続く身分証明と身体検査を終わらせようとした人間として、白人警官の暴力に対して黒人が抱く恐怖の長い歴史を打ち破ろうとした人間として、私はガーナーを覚えておきたい。「息ができない」という言葉には、痛みと死の苦悶の響きがある。そしておそらくはその響きによって、この言葉は合衆国全土にわたる大キャンペーンを巻き起こすことになったのだろう。合衆国に深く根差した警官による暴力を告発するのにふさわしい言葉だ。その場にいた警官の誰もが聞いたはずの「息ができない」という言葉は、彼らの無関心を裏付けるものだ。黒人が空気を吸えなかろうと、そのせいで死ぬ可能性があろうと、彼らにはどうでもよかったに違いない。そんなふうに無関心でいることを許されるのは、そのせいで厳罰を受ける恐れのない者だけだ。

一方、「今日で終わりにしよう」という言葉は、虐待のその瞬間にのみ向けられたものではない。とうの昔に硬直し、蓄積され、組織的に続く黒人の不遇と排斥という人種差別を生み出した、何百年にもわたる憎しみに向けられた言葉だ。「今日で終わりにしよう」という言葉は、古くから続いているというだけの理由で、変えることなどできないと決めつけ、差別の構造を受け入れ、なにもしようとしない怠惰な社会に向けられたものでもある。また、この「今日で終わりにしよう」という言葉で、エリック・ガーナーは彼個人の尊厳を主張してもいる。もはやその尊厳を他人に奪われることをよしとしない個人として。

そして、我々皆が守らねばならないのは、まさにこの尊厳なのだ。「今日で終わりにしよう」――スタテンアイランドで、またはクラウスニッツで見られた憎しみを、暴力を。感情を政治的な論点に格上げするポピュリズム政治を。単なる人種差別を覆い隠すための「不安」と「懸念」という言い換えを。混乱した感情や、卑劣な性根、陰謀論などが、批判してはならないもの、正しいもの、価値あるものとされ、そのせいで批判的な考察も被害者への共感も不可能にする公の場での言説を。憎しみを誘導する思考パターンを。なにが標準かを定義し、そこから逸脱する者を差別し、排斥する社会システムを。「今日で終わりにしよう」——多くの者が「見過ごされ」、転ばされ、助け起こされることも謝罪を受けることもない社会を生み出す心理構造を。

＊

2

均一—自然—純粋

Homogen – Natürlich – Rein

故郷とは、出発の地だ
歳をとるにつれて、
世界はどんどん異質になり、その構造はますます複雑になる。
T・S・エリオット『四つの四重奏』

聖書の士師記には、他者の排斥についての、現在にも通じる古い物語がある。「ギルアデ人はさらに、エフライムに面するヨルダン川の渡し場を攻め取った。エフライムの逃亡者が「渡らせてくれ」と言うと、ギルアデの人々はその者に、「あなたはエフライム人か」と尋ね、その者が「違う」と答えると、「シボレテ」と言うよう要求した。そして、その者が正しく発音できず、「スィボレテ」と言うと、その者をつかまえて、ヨルダン川の渡し場で殺した。こうして四万二千人のエフライム人が倒れた」（士師記十二章五―六）

「シボレテ」（ヘブライ語で「穀物の穂」を意味する）というたった一語が、川を渡れるかどうか――

仲間かどうか――を決定する。仲間でありたいという「願い」だけでは足りない。自身のルーツを捨てて新たな地を故郷と定める覚悟だけでは認められない。たった一語の発音が試される。正しく発音できる者もいれば、できない者もいる「シボレテ」という一語が――ある能力の有無という偶然が――友と認められるかどうかを決定するのだ。たった一語が、「我々」と「彼ら」、「地元民」と「異邦人」を区別する合言葉となるのだ。

士師記によれば、エフライム人にとって、この問題は生死を分けるものでありながら、解決不可能でもあった。ヨルダン川を渡れるかどうかは、「シボレテ」という語における「シ」の発音というささいな点にかかっていた。エフライム人は、この言葉を正しく発音できなかった。「彼らは、この暗号のなにが決め手となるのかに気づくことができないという点で、エフライム人であると気づかれてしまったのである(1)」要するに、仲間かどうかを決める基準は、ある人たちはあらかじめ持っていて、ある人たちは持っていないなにかであった。それはエフライム人にとって、信念の問題でもなければ、努力して身に着ける習慣や慣習の問題でもなかった。与えられたのは、たった一度きりのチャンス、たったひとつの解決不可能な課題だった。この古い物語には、ギルアデ人をギルアデ人たらしめるその他の特徴はなにひとつ書かれていない。宗教的または文化的な信念も、慣習も行為も。なにがギルアデ人の生活と共同体を形作っているのかは書かれていない。また、なぜエフライム人が不適格で、適応不能で、危険でさえあるのかという理由も書かれていない。「シボレテ」という言葉を言わせることで明らかになるとされる、ギルアデ人がギルアデ人たる特徴とは、非常に恣意的であると同時に、本人たちにはどうすることもできないものである。そしてその特徴によって、ある種の人間が、もはや単なる他者ではなく、見下し、傷つけてもよい敵となるのである。

「シボレテ」にまつわるこの古い物語は、現代にもまだ生きている。これは社会が個々の人間または集団を拒絶し、貶める恣意的な方法についての物語だからだ。それは今日では、反リベラルまたはファナティックな思考法のメカニズムに置き換えることができる。他を排斥する「標準」「基準」を自分たちで作り出しておいて、それを唯一の正しい信仰の形式、唯一の正当な文化、国家、社会規範であると定義し、そこから逸脱するあらゆるものへの暴力を正当化するメカニズムだ。定められる基準も、疎外の結果も、さまざまではあるだろう。だが仲間とそうでない者とを区別するメカニズム自体は、どれも似たようなものだ。ある物語のなかで、「我々」を「他者」と区別するためにどのような基準が設けられ、どのような境界線が引かれているのか、「他者」の烙印を押された者たちの社会的承認が制限されることがあるのか、それどころか市民権が奪われることさえあるのか――さまざまな場合がある。「シボレテ」にあたるものが、他者に烙印を押す「にとどまる」こともあれば、暴力を正当化し、誘発さえすることもある。

とはいえ、社会的または文化的共同体の基礎となる行為や信念それ自体には、なんら問題はない。当然のことながら、民間のグループや組織には、独自の規則がある。宗教共同体もまた、特定の儀式や経典をその宗教の独自性を体現するものと定義する。多くの宗教においては、それは決められた安息日を守ることや服装の規定に従うことであり、また別の宗教においては、祈りの儀式や喜捨が重要とみなされる。三位一体を信じる宗教もあれば、輪廻転生を信じる宗教もある。当然、これらの行為や信仰は、その宗教に属する（ことを望む）者と、属さない（ことを望む）者とのあいだに線を引くものだ。こうして、プロテスタント信者はカトリック信者と、大乗仏教の信者は小乗仏教の信者と区別される（ことを望む）。適切かつ正当なことだ。また、信者にとっては率直に認めにくいかもしれないが、あらゆる規則や典礼は、時代（と世代）を経るにしたがって、さまざまに議論され、変遷していくものだ。それになにより、こういった信仰共同体はもともと、そこに属したいと願う者たちに開かれている。信仰共同体は、新たな帰属と変遷を可能にする言説を創作し、受け継いでいく。そして、他の共同体との相違が、必ずしも暴力を正当化するわけではない(2)。

興味深いのは、これらとは違って、民主主義国家、国民、社会規範の特徴であるとされると同時に、個々の人間または集団を「異質」または「敵」と認定し、権利の共同体から疎外する社会的、文化的、身体的「基準」を創造する言説である。現在進行形で見られる、世界観およびイデオロギーの過激化の動きと、社会運動や政治活動がファナティックな姿勢（および暴力）を肯定するために、何度も繰り返し使う動機や概念である。私がここで取り上げたいのは、「真正の」国家、文化、共同体を――同時に、見下し、攻撃することを許される「真正でない」他者を――構築するための戦術である。

「相違は堕落すると不平等となり、平等性は堕落するとアイデンティティとなる」と、ツヴェタン・トドロフは『アメリカの征服』で述べている。「このふたつは、他者との関係という空間を修復不可能なまでに狭める二大巨頭である(3)」

トドロフは、反リベラル思想が生まれる局面を的確に突いている——各人または各グループのあいだの視覚的、宗教的、性的、文化的相違が、単なる相違のままではなくなる局面を。それは、相違が社会的または法的な不平等へと変化していく局面だ。人が自分と違う者、または標準だとされる多数派から少しでも逸脱する者を、ただ単に「違う」のみならず、突然「正しくない」と見なし、そのせいで庇護を受けられない存在へと貶める局面だ。アイデンティティの徹底的な均一性のみが重要視され、ほかのすべては疎外され、拒否されるべきものになる局面である。

現在の社会では、偶然に過ぎない生まれつきの相違ばかりが取り上げられ、社会的な認知のみならず人権や市民権までもがその相違に左右されるようになってしまった。社会運動や政治共同体が、民主主義国家において、特定の市民のみ——特定の身体、特定の信仰、特定のセクシュアリティ、特定の言語を持つ者のみ——を平等に扱うための基準を設けようとしたら、いったいどうなるだろう。そして、その基準によって、誰が完全な人権または市民権を得ることを許され、誰が軽視され、虐待され、迫害され、殺されてもいいかが決まるとしたら。

シュールな例を用いてみよう。ドイツ連邦共和国において、自由に意見を表明する権利を持つのが左利きの人間のみだとしたら。家具職人になる教育を受ける権利が絶対音感を持つ人間にしか認められないとしたら。裁判で証人として認められるのが女性のみだとしたら。公立学校でユダヤ教の祝日のみが休みになるとしたら。養子をもらうことができるのが同性愛カップルのみだとしたら。吃音症の人間には公立プールの使用が認められないとしたら。シャルケのファンが集会の権利を奪われるとしたら。警察官になれるのは靴のサイズが四十五以上の人間だけだとしたら——こんなふうに、社会的な認知、自由な権利、職業選択の機会などを左右する基準が、それぞれ個別に、恣意的に設けられていたら。このような基準が、特定の職に就くため、または特定の仕事をこなすために求められる能力とは無関係であること、また、自分の人生を自分で決め、自由に生きる権利にとってはなんの重要性もないことは自明だろう。

現在、実際にまかり通っている差別や疎外の多くも、これらの例に負けず劣らず恣意的で不条理なものだ。ただ、連綿と語られてきた物語(または差別を制度化した法律)にはあまりに長い歴史があり、そこに含まれる「シボレテ」はあまりに頻繁に繰り返されてきたため、もはや疑問視されることがない。受容と疎外を分ける基準は、それが非常に古いものであれば、社会的認知の死角に隠されて見えなくなる。一方、「我々」を「他者」と区別する境界線はほかにもある——「地元民」と「異邦人」、「正しい」家族と「正しくない」家族、「真の」女性と「偽の」女性、「本物のヨーロッパ人」と「偽のヨーロッパ人」、「本物の英国人」と「偽の英国人」。これらの概念が公の場でここまで大声で叫ばれるようになったのは、つい最近のことだ(4)。

現代における受容と疎外のメカニズムに目を向けることには、大きな意義がある。どのような物語によって、どのような合言葉によって、人間が選別され、評価されるのか。誰が仲間になることを許され、誰が許されないのか。誰が受容され、誰が疎外されるのか。誰が権力を持ち、誰が無力な存在となるのか。誰に人権が認められ、誰に認められないのか。こういったすべては、有声無声のさまざまなことがらのなかで——人々のふるまい、法律、条令、映画や絵画といった芸術作品のなかで——準備され、根拠づけられる。それらを通して、ある種の人間たちが受容され、仲間と見なされ、価値があるとされる一方で、その他の人間たちが、異質で、価値の劣る敵と見なされるようになるのである。

＊

今日、ある種の政治的運動は、自身のアイデンティティを均一、根源的（または自然）、あるいは純粋であると主張することを特に好む。ある国なり地域なりが特別の権威を持つと主張されるとき、ある信仰共同体が他より高次の正当性を持つと主張されるとき、ある民衆があらゆる権利を独占しようとするとき——均一、根源的、純粋のうち少なくともひとつの要素が、偉大なる「我々」という自己描写のために使われる（東ヨーロッパからの移民と区別されるべき「根源的な」英国人、「純粋な」西欧社会をイスラム教徒から守ろうとするPEGIDAたち、といった具合に）。三つの概念すべてが使われることも珍しくない。この三つは、さまざまな運動や共同体に見られ、自己のアイデンティティを拠り所とする政治に潜む非リベラルな傾向を明らかにするものだ。分離独立運動、国粋主義的政党、似非宗教の原理主義者たちは、それぞれの政治的立場や目標の独自性を主張することに全力を傾ける。彼らが打ち出す行動戦略（または暴力）の形はさまざまである。だが結局のところ、彼らが追っているのは、均一で根源的で純粋な共同体という似たりよったりの理想像なのだ。

均一

言葉が世界を切り刻み、並べ替えるよりはるか以前に、人間の精神はさまざまなカテゴリーから成る分類体系を作り出す。

アライダ・アスマン『言語運用の相似性』

ヨーロッパにおける地方選挙または国政選挙で躍進する保守ナショナリズム政党または右派ポピュリスト政党のほぼすべてが、文化的または宗教的に均一の国家または均一の民族による国家という（理想）像を掲げている。オランダの「自由党」（二〇一二年、十・一パーセント）、フランスの「国民戦線」（二〇一二年、一三・六パーセント）、オーストリアの「オーストリア自由党」（二〇一三年、二〇・五パーセント）、ハンガリーの「フィデス゠ハンガリー市民同盟」（二〇一四年、四四・九パーセント――政府統計）、イギリスの「イギリス独立党」（二〇一五年、一二・六パーセント）、スウェーデンの「スウェーデン民主党」（二〇一五年、一二・九パーセント）、フィンランドの「真のフィンランド人」（二〇一五年、一七・七パーセント――政府統計）、デンマークの「デンマーク国民党」（二〇一五年、二一・二パーセント――政府統計）、スイスの「スイス国民党」（二〇一五年、二九・四パーセント――政府統計）、ポーランドの「法と正義」（二〇一五年、三七・六パーセント――政府統計）。

遡って考察すれば、「国民（Volk）」という概念は多義的である。いったい「国民」とはなにを指すのか？「国民」とはいったいなにか？「国民」をスローガンに掲げる政治運動の多くは、この概念を反民主主義的で排他的な意図ではなく、解放的で受容的な意図で使っている。彼らは、むしろ「我々も民衆（Volk）だ」という言葉を使う。彼らは政治や法から完全に、または部分的に疎外されていると感じている。政治や法は自分たちに影響を及ぼしはするが、その決定プロセスに自分たちは十分に関わることができていないと感じている。彼らは政治においてのみならず、メディアからも十分な注目を受けていない。多くの社会運動や政治運動は（それが左寄りか右寄りかにはまったく無関係に）、国やEUにおける議会政治には市民の参画が足りないと批判しており、政治的決定に際する公の（すなわち透明な）意志形成プロセスの不十分さ、（EUの）政治構造における市民の承認の不十分さを嘆く。こういった批判をもって、彼らは国民主権という共和制の約束に訴えるのである。

ジャン・ボダンとジャン＝ジャック・ルソー以来の伝統に従えば、「国民（Volk）」とは自由で平等な人間の共同体であり、譲渡不可能な主権を持つとされる。国民主権というこのコンセプトにおいては、法を定める権力を持つのは、自己決定権を持つ市民たちであり、その代表者ではない。ここにはまだ、自身の命運を自身で操り、決定することのできる国民が存在するという前提がある。そのためには政治的な意思形成プロセスが必要不可欠であるが、政治的な共同体とは本来、そのプロセス――常に自己更新を続ける意思形成行為――を経て初めて生まれるものである。つまり、この共和制的伝統においては、国民とは必ずしもあらかじめ存在するなにかではなく、互いに向き合い、関わり合うことによって生まれ、社会契約によってはじめて構築されるものである。[5]

*

とはいえ、「自由で平等な人間たちから成る国民」というモデルもまた、歴史的に見ればひとつのフィクションである。真にすべての人間が自由で平等と見なされたことなどないからだ。さらに言えば、すべての人間が人間と見なされていたことなどないのだ。確かに、フランスの革命家たちは、君主制を排して、君主の位置に主権を持つ国民を置いた。だが残念なことに、民主主義社会の草案は、決して彼らが主張するような、すべての人間を対象としたものではなかった。女性といわゆる「異邦人」には、詳しい理由説明さえ必要とされないほど当然のように、市民権は与えられなかった。民主的国民は、そして旧身分の特権を廃止しようとした国家は、結局のところは別の他者を差別することでしか成立し得なかったのである。

このことは、主権を持つ国民という思想を語る言葉、自由で平等な人間の社会契約の歴史を語る言葉に、なにより明確に表れている。すなわち、昔から政治的秩序は身体性（コーポレーション）という概念で描写されてきたのだ。そして、全員（すなわちあらゆる独立した個人）の民主的意思と考えられていたものは、いつの間にか全体（すなわちあいまいな集団）の意思へと変わっていく。[6] 互いに向き合い、関わり合うことによって共通の立場や信念を討議し、決定していく個々の声や視点から成る多様な存在が、均一な「全体」へと変容してしまうのだ。社会を身体にたとえる言説は、政治的に重大な意味を持つさまざまな連想を可能にする——ひとつの身体とは、堅固で独立したものだ。身体は皮膚に包まれており、その皮膚が外界との境界となる。身体は病原菌によって病気にかかることがある。身体は健康でなければならず、疫病から守られねばならない。そしてなにより、身体とはひとつの均一な「全体」である。

政治的言語（およびその結果としての政治的空想）によって社会がひとつの生き物にたとえられるとき、そこには必然的に衛生という概念が結びついてくる。そしてその概念は、人間の身体を医学的に管理するという文脈で、社会を語る際にも用いられることになる。こうして、文化的または宗教的な多様性が、均一な国民という身体を持つ国家の健康を脅かすものととらえられることになる。いったんこの知覚パターンに囚われれば、「異邦人」によって病気をうつされるのではないかという不安が一気に蔓延する。相違はもはや単なる相違とはとらえられず、国家という健康で均一な身体に病を感染させる原因となる。この思考モデルとともに生まれるのは、常に他者の行為や信念によって病に感染することを恐れる独特の神経症的アイデンティティである。あたかも、それぞれの国家において定められた標準からのいかなる相違も逸脱も、文化的または宗教的な飛沫感染によって、疫病のように広がっていくとでもいうかのようだ。他者の身体との接触が即座に脅威として恐れられ、忌避されねばならない社会は、（社会を身体に例える言説を借りるならば）健全な「文化的な免疫システム」を持っているとは言い難い。健康を保たねばならない身体としての国民という妄想は、どんなささいな相違にも恐怖を抱くのである。

以上から、現代社会において、宗教的な理由で頭部を覆うというささいなことが――それがキッパであろうとヴェールであろうと――、なぜ多くの人の自己アイデンティティを脅かすのかも明らかになる。現代社会に広がる恐怖感は、まるで女性イスラム教徒のスカーフ（ヒジャブ）やユダヤ人男性のキッパを目にするだけで、キリスト教徒がもはやキリスト教徒でなくなるかのような、極端なものだ。まるでスカーフが、それをかぶる者の頭からそれを見る者の頭へと自分の足で移動するかのようだ。これほど不条理でなければ、滑稽とさえいえる想像だ。スカーフに反対する議論のなかには、スカーフはそれ自体が女性を抑圧するものであり（これは、女性が自分の意志でスカーフをかぶることはあり得ないという決めつけである）、それゆえ禁止されねばならないというものがある一方、スカーフによって彼ら自身と世俗社会とが脅かされるというものもある。[7] あたかもたった一枚の布が、それをかぶる者ばかりでなく、それを遠くから目にする者までをも抑圧するかのように。ところが、スカーフに反対するどちらの論拠も、女性への抑圧が実際にあるとしたら、それはスカーフ自体によるものではなく、女性に本人の意志に反するなんらかの行為を強要する人間または社会構造によるものであるという点を見逃している。その意味では、スカーフをかぶれという、家父長制的および宗教的見地からの命令も、スカーフをかぶってはならないという、支配的および反宗教的見地からの命令も、どちらも同じように強制的だといえよう。

社会が信教の自由を保障しながら、同時に女性の権利を守り、拡大しようとするならば、必要なのはむしろ女性の自己決定を真剣に受け止めることである。そしてそれは、（どのような形式であれ）信仰に忠実な生活または行為を望む女性も存在し得るという事実を受け入れることである。スカーフを例に取るならば、スカーフを着用したいという望みを即座に非合理的、非民主的、バカバカしい、あり得ないと断じる権利は、第三者にはない。スカーフを着用したいという望みも、一般的な信仰心（または宗教行為）に、さらに場合によっては伝統的、宗教的な家族像に反対の立場を取りたいという望みと同様に、尊重され、守られるべきだ。どちらの決断を下し、どちらの人生設計を取るにせよ、それを選ぶ個人的権利は、ヨーロッパのリベラル社会においては同等に尊重されるべきだろう。ただ、公的な職場でのスカーフ着用の問題となると、少々複雑になる。基本法の第四章第一節および第二節に保障された個人の信仰、良心、宗教、世界観の自由という基本的人権と、宗教的に中立の立場を維持するという国家の義務とが対立する恐れがあるからだ。だがこの問題は、学校の教室でキリスト教のシンボルである十字架のネックレスをつけることが許されるかという問いと本質的には同じものである。(8)

それなのになぜ、スカーフはこれらの問いとは別の次元でこれほど多くの人を神経質にするのだろう？　スカーフという文化的または宗教的シンボルは、この世界には我々とは別の信仰を持つ人間もいるという事実を示すに過ぎない。我々がスカーフに苛立つ原因はそこにあるのだろうか。多様性が公の場で目に見えるようになれば、それを否定するのがますます難しくなるからだろうか。その国で定められた標準から逸脱する者が、どこか隠れた場所でひっそりと生きるのではなく、日常生活の場で目に見え、耳に聞こえる存在になったところで――映画に（特別な問題提起のための役柄ではなく、当然のように主役や脇役として）登場したり、教科書に、信仰または愛情または外見のひとつの形を示すひとつの例として書かれたり、これまでとは違うトイレが設置され、それによって、これまでの男女別のトイレは普遍的なものではない（なぜならすべての人が快適に使えるわけではないから）ということが明らかになったところで――国民という想像上の身体が脅かされることなどない。現代社会におけるごく当然の多様性が、これまで隠れていた「標準」の陰から姿を現すというだけのことだ。

とはいえ、宗教行為の名のもとに人権侵害が行われる場合は、話が異なる。こういった宗教と人権との対立に際しては、法治国家は宗教集団または被害者家族の要求を退けて、個人の権利を守らねばならない。女性器切除または児童婚といった恐ろしい習慣に対しては、基本法の名のもとに、国家による介入が許されるばかりでなく、必要ともされる。文化的な習慣を維持する権利が人権に優先されることがあってはならない。

*

ヨーロッパで現在再び「国民」や「国」という概念を訴えかけている政治的・社会的活動家たちは、これらの概念を非常に狭い意味で用いている。「国民」はギリシア語のデモスの意味ではなく、ほとんどの場合はエトノス、すなわち起源、言語、文化を同じくする（少なくともそう主張される）民族の構成員の意味で用いられる。均一の国民または均一の国を夢見る党や運動は、自由で平等な個人から成る（超国家的または国家的）法共同体という理想をまさに「逆進行」[9]させようとしている。彼らは水平軸ではなく、垂直軸によって規定される社会を追求する。すなわち、「我々」の構成員を決定するのは、民族的、宗教的な起源であって、共通の行為、共通の憲法、開かれた民主主義的協議のプロセスではないと考えるのだ。「我々」の一員となる権利は、生まれつきのものとなる。両親または祖父母が移民だったせいで、その権利を生まれつき持たない者には、特別な技能や特別な信条、「標準」への特別な適応など、ほかの者には（同じようには）求められないものが要求される。

近代国家にとって、なぜ均一な文化または国民のほうが多様な文化または国民よりも根本的に望ましいのかの根拠は、滅多に示されることがない。だが本来、同一の宗教を持つ社会のほうがより大きな経済的成功を収めるのか、文化的に均一な社会のほうが経済危機をうまく乗り切ることができるのか、不平等が少ないのか、政治的により安定しているのか、互いがより尊重し合うのか、といった観点は興味深いし、重要でもあるだろう。ところが実際には逆に、均一な「我々」が理想とされる「根拠」はトートロジーであることが多い。均一な国のほうが良いのは、それが均一だからだ、といった具合である。[10] ときには、自分たち多数派はまもなく少数派となるだろう、他者の排斥は文化的または宗教的な予防措置に過ぎない、という論も見かける。ドイツ国家民主党（NPD）や、現在ではAfDや、イギリスの「イギリス独立党」やフランスの「国民戦線」までが唱えるスローガンは、このシナリオに沿ったものである。生物学的、人種差別的に「他者」と位置付けられる者たちによって、国家はより活動的に、より多様になるのではなく、「縮小」し、「抑圧」される、または「乗っ取られる」というシナリオだ。だがそこではいまだに、なぜ均一性がそれほど重要なのかは論じられていない。ただ、多様性と雑多性に対する自分たちの軽蔑を、「他者」と位置付けられた者たちに投影しているだけだ。

近代国家における文化的、宗教的に均一の国民という理想像が、現在再び追求されるようになったのは奇妙なことだ。それが歴史に矛盾し、事実に反するという点を考えればなおさらだ。全員が「地元民」であり、移民はおらず、多様な言語も多様な習慣や伝統も、多様な宗教もない、そんな国民の均一な「核」なるものが国民国家において最後に存在したのはいつか? そしてどこか? 「国民」という概念に持ち込まれたこの有機的な均一性は、確かに強力な魅力を持ってはいるものの、結局のところ空想の産物に過ぎない。[11] どのような形の「国民」が望まれ、称揚されるにせよ、それは決して歴史上に実在したなんらかの共同体と同じものではなく、常に想像上の作られた「国民」なのであり、その理想像に近づけた(または変容させた)社会なのである。その意味では、そこには「本来の姿」などなく、あるのは常に、全員の合意のもとに、目指すべき「本来の像」(とされるもの)を作り出すという決意のみである。

ベネディクト・アンダーソンが有名な著書『想像の共同体』に書いているとおり、古代の村を除けば、あらゆる共同体は結局のところ「想像上の共同体」である。あらゆる近代国家の構成員が共有するのもまた、現実には民族的、文化的要素(例えば言語、出身、宗教)よりも、帰属を同じくしているという想像のほうである。「共同体は想像の産物である。なぜなら、どれほど小さな国であっても、国民は同国民の大部分とは直接知り合いでもなければ、出会ったり、連絡を取ったりすることもない。にもかかわらず、意識の上ではひとつの共同体という像が生きているからである」[12]

だがそれとは逆に、ヨーロッパにおける保守ナショナリズム政党やナショナリズム政党は、自分たちの伝統の明快さ、一義性を主張する。それゆえ、自分たちの歴史のなかの断絶、矛盾、多義性を物語るすべてをならして、均一にせねばならないことになる。ヨーロッパにおいて国粋主義的な思想を持つ政治活動家が、自国の歴史研究所、博物館、文化センター、教育施設、教科書に特別な関心を払う理由のひとつはそこにある。均一な国家または均一な国民という彼らの構想と矛盾するあらゆる声や視点が邪魔になるからだ。その意味で、ポーランドの政権党である「法と正義」が「ポーランドのキリスト教化記念日」といった祝典を重要視するのも、ハンガリーが独立したメディアの活動を法律で制限しようと試みるのみならず、劇場のような文化施設のポストに、作品製作にネオナショナリズム的言説を持ち込むことを疑問視しない人間を優先的につけることも、驚くにはあたらない。ドイツのAfDの党綱領もまた、文化施設は「国民のアイデンティティ」というあまりに多義的な概念のための道具であると明言している。

しかし、AfDやPEGIDAが守ると主張するドイツ国民またはドイツ国家の均一性というものは、そもそも存在しない。それは単に「非ドイツ的」または「非ヨーロッパ的」とされるものを排斥することによって作られる概念でしかない。「真の」ドイツ人を「偽の」ドイツ人と区別する境界線を引くために、数多くの「シボレテ」が使われる。この目的のためなら、どんなささいなものも、不合理なものも構わずに使用される。ドレスデンで行われたPEGIDAのデモでは、棒を掲げて通りを行進する参加者がいた。棒の先端には、小さなピンク色のおもちゃの子豚が鎮座していた。ほかにも、豚の頭の形をした毛糸の帽子をかぶった参加者もいた。子豚が西洋世界を象徴する存在だということだろうか。文化的、イデオロギー的意図が、豚に集約されるのだろうか。豚を悪く言うつもりは毛頭ないが、豚肉を食べることが西洋のアイデンティティにとって決定的な要素であると彼らが本気で信じているのなら、確かに西洋世界の行く末に対する懸念は理にかなっていると言うしかない。ちなみに、おもちゃの子豚を掲げてのデモ行進は、まだまだ無害な例に過ぎない。モスクがあるか、またはこれから建設される予定のドイツ国内の多くの地には、切断された豚の頭が、この数か月間でいくつも送り届けられた。豚肉へのこの新たな執着は、イスラム教徒を操作し、侮辱するひとつの「シボレテ」であるのみならず、言うまでもなく伝統的な反ユダヤ主義の常套手段でもある。

彼らが想像する国民国家像――白人キリスト教徒のみから成る共同体という人種差別的な像――をより明快に物語るのは、「キンダーショコラーデ〔子供チョコレート〕」のパッケージに掲載された顔写真をめぐる二〇一六年五月のエピソードだろう。(13) フランスでサッカーのヨーロッパ選手権が開催される前に、フェレロ社が自社の商品である「キンダーショコラーデ」のパッケージに、いつものような金髪の少年の代わりに、ドイツ代表チームメンバーの子供時代の写真を掲載した――そのなかには、イルカイ・ギュンドアン〔トルコ系〕、サミ・ケディィラ〔父がチュニジア人〕、ジェローム・ボアテング〔父がガーナ人〕らも含まれた。これにバーデン＝ヴュルテンベルク州のPEGIDAの一支部が抗議したのだ。黒人のドイツ人も、イスラム教徒のドイツ人も、均一な国家、「純粋な」国民という作られた像を揺るがすからという理由で、広告に掲載されて目立ってはならないというわけだ。

多様な社会と、基本法と民主的な行動を共有する自由で平等な市民から成る国民に対する嫌悪感を表明するのは、PEGIDAやAfDの政治活動家ばかりではない。AfDの党首代行であるアレクサンダー・ガウラントが発したものの、いまや忘れられてしまった――またはガウラントが言ったということになっているが真偽は定かでない――発言も、実際のところ、現在ドイツ国内に蔓延する日常的な人種差別を考えれば、決して的外れとは言えまい。その発言とは、「人々」はサッカー選手としてのボアテングを高く評価はするが、ボアテングに「隣人」になってほしくはないというものだ（ちなみにこれは、あちこちで非難されたようにボアテングを「侮辱」するものではないという。なぜならこの文章はボアテング本人についてはなにも語っておらず、ただ黒人を隣人に持つことを拒否する「人々」のことを語っただけだからだそうだ）。ドイツ国内の人種差別は数々の研究や統計によって証明され、数値化もされている事実である。[14]「黒い肌の人間はドイツに合わない」という発言に、とあるアンケート（やや古いものであることは認めざるを得ないが）では、二十六パーセントが賛成しているのだ。その意味では、アレクサンダー・ガウラントの言葉には、人種差別的意見に対する批判的分析の意図があったと考えてもおかしくはない。だが、文脈をほぼ考慮にいれずに引用されたあの発言からは、ガウラントの真の意図は読み取れない。とはいえ、アレクサンダー・ガウラントには、悪意や偏見に疑問を呈する意図よりも、それらを真剣に受け止めるべき懸念だとして守り、正当化する意図のほうが大きかったであろうことは推測できる。

この発言の数日後、アレクサンダー・ガウラントは『シュピーゲル』誌のインタヴューで、サッカーのドイツ代表でイスラム教徒であるメスト・エジルがメッカ巡礼をしたことについてコメントした。「私はサッカーに興味がないので、エジル氏がどこへ行こうと、あまり気になりません。ですが、公務員、教師、政治家、国民のリーダーといった人たちがこういう行為をする場合には、こう問いかけたいですね。メッカへ行くような人間が、本当にドイツの民主主義で守られるべき存在なのか、と」。さらなる質問に答える形で、ガウラントは自身の考え方を説明している。「そういった人たちの忠誠心がどこにあるのかを問うことは、おかしなことではないはずです。彼らはドイツ基本法に忠誠心を持っているのか？ それともイスラム教——そう、イスラム教は政治的な宗教です——なのか？ そして、カアバの周りをまわることで、この政治的なイスラム教に近い立場にいることを示したいのか？ とはいえ、エジル氏のようなサッカー選手のことを、私は国民のリーダーだとは考えていませんが(15)」

まず驚かされるのは、アレクサンダー・ガウラントが、サッカーには興味がないと何度も強調していることだ。もちろん、それ自体は問題ない。だが、それはガウラントの論旨にとってはなんの意味もないことではないか。ガウラントが断じるようにイスラム教と民主主義が相容れないのであれば、イスラム教を信仰する者は、サッカー選手だろうと上級行政裁判所の判事だろうと関係なく、問題となるはずだ。ちなみに、サッカーのドイツ代表選手というエジルの地位のことを考えれば、ガウラントは判事よりもむしろエジルのもつ影響力のほうを心配すべきではないだろうか。とはいえ、その点は重要ではない。ガウラントの考え方の問題点は、それがメスト・エジルの忠誠心ではなく、ガウラント自身の忠誠心を疑わしくしていることである。というのも、基本法と相容れないのは、ガウラントの発言のほうだからだ。基本法によれば、すべての国民には信教の自由が保障される。そして信教の自由には、サンティアゴ・デ・コンポステーラへ巡礼する自由と同様に、メッカへ巡礼する自由も含まれる。そのことはアレクサンダー・ガウラント自身もよくわかっている。それゆえ彼は、イスラム教徒が信仰共同体に属するという点への疑念を同時に表明せねばならなかった。すなわち、イスラム教は宗教ではないと言わねばならなかった。自身の論の「根拠」として、ガウラントはこともあろうか、アヤトラ・ホメイニの言葉――イスラムは政治である――を引用している。これは、たとえて言えば、民主主義の正しい定義の根拠として、ドイツ赤軍のアンドレアス・バーダーの言葉を引用するようなものである。基本法への忠誠心を問題視されるべきなのは、メスト・エジルではなく、むしろアレクサンダー・ガウラントのほうではないか。メスト・エジルは、キリスト教徒または無神論者が世俗の民主主義によって守られるべき存在であること、イスラム教徒と同等の権利を持ち、国家から同等の保護を受けるべきであることに疑問を呈したりはしていない。メスト・エジルは自身の信仰を実践しているだけだ――他の人間の行為や信念を、不忠だ、非民主主義的だ、と貶めることなどなく。

この議論は最終的に、奇妙な展開を見せることになった。フラウケ・ペトリ〔AfD党首〕が、メスト・エジルがメッカ巡礼の写真をツイッターで公開したことを非難する一方で（信仰は秘密にしなければならないものなのだろうか)、エジルに同伴する女性たちがスカーフを着用していないという理由で、エジルは「シャリア法に従って」生きていないとさらなる非難をしたのだ。これでは、メスト・エジルがいったいなにを非難されているのかわからない。信仰の厚いイスラム教徒であることを非難されているのか、それとも信仰の厚いイスラム教徒ではないことを非難されているのか。いずれにせよ明らかなのは、AfDが、民主主義とはなんであるかを(基本法に反する形で)定義する気がないばかりでなく、イスラム教徒とはなんであるかを定義する気もないことである。どうやらAfDにとっては、イスラム教徒とはイスラム原理主義者のみを指すようだ。信仰を持ちながら——他宗教の信者の多くと同様に——特定の規則には従うが、別の規則には従わないこともあり、また別の規則のことは旧弊または非実際的だと考える、開明的で寛容な人間は、フラウケ・ペトリにとってはイスラム教徒ではないのだ。

＊

根源的／自然

君がありのままの君であることが重要だなどと言う人はいない。
カトーの言葉（サーシャ・マリアンナ・ザルツマン『隕石』より）

「我々」がより高いステイタスを持つとされる場合、その根拠としてよく持ち出されるのが、建国神話をもとにした物語である。「我々の」信条またはアイデンティティが他者のそれより優れており、重要で、価値があるのは、それが一種の根源的なイデオロギーまたは自然の秩序に帰するものだから だ、というものだ。家族の伝統または自分たちの生活様式について語られるとき、それは過去へとさかのぼる物語であることが多い。昔、社会がまだ「純粋」であったとされるころ、全員が同じ価値観を共有し、同じ慣習に従っていたとされるころ、その想像上の過去においては、すべてが「より真」で、「より正しく」、「より本物」だったとされる。そして現在はその過去に比べて、「堕落した」「腐敗した」または「病んでいる」と言われがちだ。個々の人間、行為、考え方などは、この根源的だとされる理想像にどれほど「適正に」呼応しているかで評価される。

この場合、他者の価値を貶めるために持ち込まれる「シボレテ」は、「不自然」「真正でない」とされる個々の特徴や、特定の身体または生活様式の総体である。すなわち、かつてとは違うなにか（人間、考え方、秩序など）である。変化してしまったもの。「根源的」ではなくなったもの。自然が導くとおりの、または自然が意図するとおりの状態ではなくなったもの。その「なにか」は、「自然な」社会秩序を危うくする。この「不自然なもの」「根源的でないもの」に対する批判は、政治的またはイデオロギー上の文脈によってそれぞれ「西洋化」「正しい信仰からの堕落」「近代化の病」「罪深い」「倒錯した」といった非難と結びつく(16)。

「自然」「根源的」という概念が特に頻繁に用いられる領域は、ほぼ常に決まっている。なにが「真に」男性的または「真に」女性的とされるのか、そしてトランスジェンダーまたはインターセクシュアルをどのように見なすべきか、という問い。なにが「自然な」セクシュアリティであるか、そして、同性愛者や両性愛者またはクィアをどう尊重するべきかという問い。そしてなにより、どんな家族の形式が「真の」家族と見なされるか、そして、異性愛に基づく伝統的な「父－母－子」という構造を持たない家族をどのようにとらえるべきかという問い(17)。

「自然な」性という概念は、多くの理由から、歴史的に大きな影響力を持ってきた。性は「自然」なもの、天与のものだという考え方はキリスト教の伝統であり、「神の意図」という想像と結びついている。神の意図による自然な状態には特別の価値があるとされ、それは手を加えてはならない神聖なものとされる。「自然」で「根源的」な性こそが、「正常」を定義する基準である。そして、そうでないもの、変更可能なもののすべては、この理論においては「不自然」または「不健康」で、「神の意図にそむく」ものであり、それゆえ「望ましくない」と貶められる。

だからこそ、これほど神聖視される「正常」な性という概念を打ち破る戦術のひとつは、性の「自然性」がひとつのイデオロギーであることを明らかにすることである。(18) そして代わりに、性が成立する際の社会的、象徴的地平の意味を強調するのだ。性は社会的に構築されたものであるという理論によって、政治的にも規範的にも望ましい余白が生まれる。なぜなら、「男性」「女性」という性が生まれついての身体的な事実ではなく、むしろ異なる存在様式を規定するための社会的、政治的な合意の結果であるならば、そこから根本的な「正常性」または価値が生まれることはないからだ。

ひとりの人間の性を「自然に」与えられたものと考えるべきか、それとも社会的に構築されたものと考えるべきかという問いには、ここではこれ以上踏み込まない。さらに、異性愛者どうしの核家族が、その他の関係性や生活様式よりも本当に歴史的に「根源的」であるのか、それともそれは単なる物語に過ぎないのかという問いにも踏み込まない。これらは非常に重要かつ複雑な問題であり、本書で十全に扱える範囲を超えているからだ。ここでは別の方向で議論を進めたい。すなわち、自然な、または根源的な身体、欲望、生活様式と、社会的または法的な承認との関係についてだ。「自然」「根源的」という概念を信じる者たちは、実際にはなにを信じているのか。ポスト形而上学の時代である現代に、あるものがこの世界に最初に現れたときになんらかの形を取っていたというだけの事実から、なぜなんらかの権利やより高いステイタスが発生するのか。権力による承認は、根源的で自然な秩序というある特定の理念とどのように結びつくのか。(19) 非宗教的な世俗の国家において、二千年（またはたった二十年）前にはそうだった（またはそうでなかった）というだけの理由で、ものごとの価値や評価が変わるのはなぜなのか。自然がおのずから規範的な意義を持つという考え方は、本当に基本法の意図に沿うものなのか。サイボーグ、3Dプリンター、バイオテクノロジー、人工遺伝子合成、生殖医学、宇宙工学の時代に、いったいどんな「自然性」の概念が成立し、権利と結びつこうというのか。変更を加えられた身体、または一義的でない身体は、なぜ価値や美しさが劣るとされ、なぜ承認を得られないのか。

＊

トランスジェンダーとは、生まれ持った外的な性的特徴、染色体、ホルモンが、本人の感覚と合致しない人のことである――というのが、ひとつの説明である。別の説明もある。トランスジェンダーとは、本人に割り当てられた性別が、本人の感覚と合致しない人のことである、というものだ。ひとつ目の説明では、生まれつきの身体的特徴（または染色体、ホルモン）が重要な意味を持っている。ところが二つ目の描写では、身体的な特徴と割り当てられた性別との関連そのものがすでに疑わしいもの、または歴史上の偶然であるととらえられている。(20)

生まれ持った身体と割り当てられた性に疑問や違和感を持たない人間には、想像するのが難しいかもしれない。「トランス」という言葉を耳にしたり、星印「＊」や下線「＿」〔名詞から男性－女性という性的要素を取り除き、二極化された性概念を超えるために付けられる記号。たとえば Bürger*innen のように、男性市民 Bürger と女性市民 Bürgerinnen を統合する形で、性別に関係なく「市民」という意味で使われる」を目にするだけで、目をそらしたり、そこから先を読むのをやめたりする人もいるかもしれない――だがそれではまるで、希少な現象や人間は注目や評価に値しないというようなものだ。トランスジェンダーに感情移入などしてはならないと思い込む人もいるかもしれない。だが実際のところ、多くの人は、シェイクスピアの作品やヘンデルのオペラや、または漫画などに出てくるもっと奇抜な人物には当然のように感情移入し、彼らの物語を理解したいと思う。「希少」は、「奇妙」とも「不気味」とも違う。希少は希少でしかない。希少な人たちとは、語られることの少ない人たちのことかもしれない。そして彼らはときに、特別で希少な特徴または経験を持つ人たちである。彼らが持つ社会的承認への憧れと、それを求める闘いは、まさに人間存在の傷つきやすさを反映するものだ。それゆえ、トランスジェンダーの傷つきやすさ、可視性と承認への彼らの希求のなかにこそ、互いに依存しあって生きるという人間存在全般の大きな特徴が浮かび上がるのだ。その意味ではトランスジェンダーの置かれた状況は、我々全員に切実な関係がある。彼らのように生き、感じている人たちのみならず。トランスジェンダーの権利は、あらゆる人の人権と同じように重要である。そして、それを根拠づけ、守ることは、普遍的思想にとって当然のことだ。

＊

より穏便な形ではあれ、おそらく多くの人が、それぞれ異なる理由で、身をもって知っているのではないだろうか——人は自分の特徴や性質のすべてをそのまま受け入れることなどできないと。自分は、人が思うような人間、そうであるべき人間とは内面では違っているという感覚を。外からの期待や規範が、自分の可能性を狭めてしまうことを。トランスジェンダーの場合も、問題となるのはこの内面の確信と外からの期待との、または現実生活上の性との乖離である。女性の身体を持ちながら、自分のことを男性だと思う、または男性の身体を持ちながら、自分のことを女性だと思う[21]。与えられた性とは別の性を持つ人間として生きたい（生きねばならない）という憧れ、必要、確信を感じる。生まれたときにつけられた（性別を明らかに表す）名前が、本当の自分の姿とは合っていないと感じる。トランスジェンダーとはそういう人間である。

おそらくそれは、人が性別を間違えて呼びかけられたときや、間違った名前で呼びかけられたときに感じるのと同じ種類の、だがそれの何倍も大きな違和感だろう。間違って呼びかけられた人間は、思わずびくりと震える。それは、まさに身体的な違和感でさえありうる——それがうっかりミスであろうと、意図的なものであろうと、まったく関係なしに[22]。心のなかのなにかが叫び、間違いをなんとしても正したいと望む。こういった体験のなかで我々に一番身近なのは、気に入らない、またはふさわしくないあだ名や呼び名をつけられるというものだ。そういうあだ名は、にやりと笑って辞退したいと思う。たとえ、よかれと思って、愛情をこめてつけられたあだ名であっても。それよりはるかに辛いのは、通りやソーシャルメディア上で投げつけられる侮辱の言葉だ。誹謗中傷の言葉。人を傷つけるこういった言葉からは、名前と現実、知、権力との特別な関係が読み取れる[23]。名前は常に、社会的な存在を決定するものだからだ。どう呼びかけられるかが、この社会におけるその人の位置を決めるのだ。だから、負担になるような名前、傷つく名前で常に呼びかけられ続ければ、その人の社会的な地位も変わっていく(24)。

それゆえ、トランスジェンダーにとっては、自分に合わない性別を表す名前は、恒常的な社会的迫害を意味する。自分たちの生き方を否定、批判する名前を毎日耳にせねばならない。日常生活において、公的書類に記された（男性のまたは女性の）名前を通して、望まない性別に束縛される。さらに屈辱的なのは、国境での保安検査で、トランスジェンダーが職員に呼び止められ、尋問される（または身体検査を受ける）場合だ。だから多くのトランスジェンダーにとっては、名前の法的改正、または出生記録における性別の法的改正は、実存に関わる重大な問題である。

＊

トランスジェンダーまたは「女性になった元男性」として最近最も世間を騒がせたのは、ケイトリン・ジェンナーだろう〔アメリカ合衆国の元陸上競技選手、モントリオール五輪金メダリスト。リアリティ番組でも有名。性同一性障害を公表し、ケイトリンと改名〕。自身の性転換を医学的手術によって完成させたジェンナーは、雑誌『ヴァニティ・フェア』の表紙（アニー・リーボヴィッツ撮影）を飾って、ほぼ「完璧な」女性像を演出した。ケイトリン・ジェンナー（正確にはケイトリン・ジェンナーの写真）は、トランスジェンダーにとって大切なのは、男から女へ（または女から男へ）、美的な意味でできる限り完璧に性を転換することである、という想像と結びつけられる。そういった見方をされる限り、トランスジェンダーはこの社会において支配的な性役割像を破壊する存在にはならない。むしろ、男性らしさ、女性らしさという既存の規範が一層強調され、是認される結果になるだけだ。ケイトリン・ジェンナーの例は、性を転換するための費用を賄える経済的余裕や、彼女がもともと著名人であり、それゆえメディアの注目を集めたことなどを別にしても、決して代表的とはいえない。もちろん、ジェンナーの勇気に対する世間の尊敬がそれで失われてしまうことはないだろう。だが、多くのトランスジェンダーにとって、公的に認められる存在となることは、その階級や肌の色や社会的な疎外のせいで、ジェンナーとは比較にならないほど困難なのもまた事実だ。ケイトリン・ジェンナーという、トランスジェンダーのなかでも特別に華やかな例が注目を浴びることになったとはいえ、多くのトランスジェンダーの現実の生活は、決して華やかでも贅沢でもない。アメリカ合衆国においては、二〇一三年のトランスジェンダーの失業率は十四パーセント（全米平均の二倍）であり、年収が一万ドル以下のトランスジェンダーは十五パーセント（米国全体では四パーセント）である。[25]

それになにより、トランスジェンダーとしての生き方は、決して一通りではない。それぞれの体験も、自身を世間にアピールし、言葉で表現する際の方法もさまざまだ。「シボレテ」に相当する男性らしさ、または女性らしさのモデルをそのまま受け入れる人もいれば、そういったモデルを演じる人も、それを破壊する人もいる。男性らしさ、女性らしさの規範は、踏襲されることもあれば、皮肉られることもあり、是認されることもあれば、無視されることもある。言説や歌などを通して、ドラァグやヴォーギングなど服装やダンスで、パッカーやバインダー[26]で、化粧やひげや鬘などを使って——または、そのどれをも使わずに。あらゆる手段を用いて、「シボレテ」の「シ」の音を正しく発音しよう、または正しい発音を真似ようとする人もいる。また別の人たちは、意図的に「シボレテ」をなぞることでこの言葉全体の意味を変え、それによって排斥のメカニズムをも変化させようとする。

公的に登録された性別を、自身の確信や現実生活での性と一致させたいという個人的な願いも、実に多様な形で表現される。自分に合わない、またはその概念自体が疑わしいという理由で、性というカテゴリーそのものを否定する人もいる。法的、社会的に、自身の望む性を認められたい——だがそのために医学的な手術は受けたくない——という人もいる。自身が望む性の特徴に、細かな点にいたるまで適応したいと望む人もいる。性を転換（トランス）する方法はさまざまだ。ホルモン摂取であれ、外科手術であれ、多彩な道がある。「トランス」とは、「男性から女性へ（または女性から男性へ）」を意味すると同時に、「男性と女性のあいだ」または「男性でも女性でもない」を意味することもある。それはすなわち、「男」と「女」という二つのカテゴリーが適切ではない、または単にふたつでは十分ではないことを意味し得る。多くの人が、「一義的な」性別または「一義的な」身体を押し付けられたくないと望み、そこから外れた場所で生きている。[27]

トランスジェンダーのあいだでも、さまざまな性転換のあり方が規範的、政治的にどのような意味を持つのかは、議論が分かれるところだ。身体性または「自然性」という概念のうちのどれを、決断や実践によって是認すべきか、どれを疑問視すべきか。性転換手術は「自然な」身体の「損傷」にあたるのか。それとも単に間違いを訂正し、正しい形に戻すだけのことなのか。それとも、身体にはもうとうに生化学的、医学的、技術的な手が入っており、無垢な本来の身体という概念自体が無意味なのか。自分の身体を形成し、変化させ、身体に手をかけることは、主体的な自由のひとつの形なのか。それは、より解放的な意味で「自分自身を大切にする」ことのひとつなのか。それとも、国家が人間の欲望と身体を規制、規定できるようにすることで利益を得ているのが製薬産業であることを考えれば、ホルモン療法は、製薬産業と政治との癒着のひとつの形と言うべきなのか。

性という規範を押し付けられて苦しむ人たち、性という規範を疑問視する人たちが、結果的にその規範を是認することになるのは、どういう場合だろうか。「トランスマン」であるパウル・プレシアードは、友人たちのあいだで議論されたこの政治的な問いに答える形でこう言う。「皆が私をテストステロンのことで批判するだろうことは、わかっている。（中略）なぜなら私もほかの男性のような男性になれるから。なぜなら皆が、少女だったころの私のことを好きだったから」まさにこれこそが、多くのトランスジェンダーが望むことだ——「ほかの男性のような男性」、「ほかの女性のような女性」になること。だが逆に、男性らしさ、女性らしさという規範、モデルから逃れたいと考える人たちもいる。いずれにせよ重要なのは、ホルモン療法がもたらす作用の問題である。ホルモンを摂取し始めた人間は、自動的に世間一般の性的役割像に同化するのか。ホルモン摂取と人格はどう関係するのか。ホルモン療法を受けるだけで、人格は変わるのか。それとも、ホルモン療法が変えるのは、それを受けている人に対する世間の見方のほうなのか。医学的な答えは次のようなものだ——エストロゲンの生成に基づく代謝に慣れた身体の血中でテストステロン値が増加すると、一種の「再プログラミング」が起こる。「ホルモンがわずかに変化するだけで、身体機能の全体が影響を受ける。食欲、性欲、血液循環、ミネラル摂取、睡眠リズム、体力、筋力、新陳代謝、嗅覚、味覚——要するに身体全体の生理学が変化する」[28]だがこれらの結果、自動的に「男性的」な人間が生まれるのだろうか。それとも「男性的」とは、染色体や性器といった特徴ばかりでなく、ある種の身振りや行為や慣習の全体を「男性的」ととらえようというひとつの合意なのだろうか。

＊

性転換を決意した者の行く手には、見通しのきかない内的、外的ないくつもの障壁が待ち構える。[29]内的な障壁のひとつは、自身の皮膚がどんな感じになるか、声がどんなふうに響くようになるか、汗がどんな匂いになるか、外見や性欲がどんなふうに変化するか、という不安だ。「どんな作用が表れるのか、いつ、どのように表れるのかなど、正確なことはなにもわからないまま、ただ作用を待つ」と、テストステロンを初めて摂取するという体験について、パウル・プレシアードは書いている。[30]性転換を決断するということは、なにかダイナミックなもの、不安定なものに身を任せることでもあるのだ。そしてその不安定なものとは、なによりまず自分自身である。法律違反の要素はなにひとつないし、医師の監督と行政の規制のもとに行われるとはいえ、性転換がタブーに触れるデリケートな行為であることには変わりがない。パウル・プレシアードはこう書いている。「テストステロン摂取を決めたとき、そのことは誰にも話さなかった。まるで、違法な薬物でも摂取するかのように。自宅でひとりきりになるのを待って、ようやく試してみた。夜になるのを待って。一杯の水のなかにテストステロンを一包入れると、箱を素早く閉じた。初めての今日は、一回分しか摂取しないと決めて。摂取を始めるやいなや、まるで禁止されている薬物の中毒者のように振る舞い始めた。姿を隠して、自分を観察、検分し、極力目立たないよう努力したのだ[31]」

さらなる内的な障壁は、社会に受け入れられないのではないかという不安だ。知人や同僚から質問攻めにあうのではないか、性転換を理解してもらうために必要な説明を何度も繰り返さねばならないのではないかという不安。実際、周囲が性転換のプロセスを理解したいと考え、善意からさまざまな質問をするだろうことは、予測がつく。これまでずっとある名前で呼びかけてきた相手に、いきなり別の名前で呼びかけるように求められるのは、当然大きな変化だ。新しい名前が以前の名前同様に当たり前のものになるには、時間がかかるだろう。ついうっかり、または習慣から、以前の名前で呼びかけてしまうこともあるだろう。当然のことだ。だからこそ、性転換者の周囲の人間にとっては、疑問をぶつけ、性転換のプロセスをよりよく理解することが助けになる。とはいえ、性転換した本人にとっては、常に性転換のことばかりを議論させられるのは辛いことかもしれない。ときにはその話題とは離れた個人として見てほしいと思うのではないだろうか。たとえば、ドラムを叩くだとか、子育てをしているだとか、弁護士として働いているといった、個人の特徴にも目を向けてほしいのではないだろうか。内的な障壁のなかにはまた、手術に伴う痛みへの不安もあるだろう。性転換はたった一度の外科手術で終わるわけではなく、しばしば複雑な一連の手術が必要になる。そしてそれらは痛みを伴うものだ。

性転換への外的な障壁は、なにより行政上のもの、また経済的、心理的、法的なものだろう。一九八一年以来、ドイツには「トランスセクシュアル法（TSG）」があり、トランスジェンダー本人の望む性が公的に認められる。[32]「特別な場合における名の変更および性別の確定についての法」が、望む性に合った名前への変更（「小変更」）または出生記録に記載された性別の変更（「大変更」）のための前提条件を定義している。法によれば――幾度もの法改正を経て――、性転換手術はもはや公的書類上の性別変更に必要な条件ではない。むしろ重要視されるのは、性別の公的変更を望む本人が、「性転換によってもはや出生記録に記載された性には属していないと感じている（傍点は著者による）」ことである。[33]つまり、「自然な」身体または「一義的な」身体は、もはや決定的な事項ではないのだ（「自然」と「一義的」の定義がどうであれ）。身体が本人の望む性のあらゆる特徴を備えていることは、もはや重要ではない。決定的なのは、与えられた性と本人のアイデンティティが一致するかどうかなのである。連邦憲法裁判所による一連の決定を経て、現在では、心理的または感覚的なアイデンティティ――決して身体的な特徴ではなく――のみが性別を決定するとの合意がある。連邦憲法裁判所第一部は、二〇一一年一月十一日に、次のような決定を下した。「トランスセクシュアル法の制定以来、トランスセクシュアルに関する数々の新たな認識が得られた（中略）。トランスセクシュアルに属する人間は、出生時に身体的な性的特徴に基づいて定められた性とは別の性に属するという不可逆的および恒久的な自覚を持っている。彼らは非トランスセクシュアルと同様、異性愛者または同性愛者でありうる(34)」

にもかかわらず、これまでのところ、トランスジェンダーが、基本法が保障する個人の自由を享受しているとは言い難い。自己決定権に奇妙な制限があるのだ。多くの観点から見て、人間は自身の身体に関する決定を自身で下す権利を持つ。合成薬物を摂取することも、美容整形手術によって自身の理想とする美的イメージに近づくことも、医学的な器具やプロテーゼなどを使って自身の身体を補強したり、欠けた身体部位を付け加えることも、法的に許されている。妊娠するための顕微授精も許されているし、先端医療のおかげで重度の怪我を治療することもできる。医学的、審美的に見て、現在ではすべてが日常となっている。ところが、トランスジェンダーが個人として生きる自由は、いまだに行政の厚い壁に阻まれ、数々の規制と規定によって抑圧されている。社会学者のシュテファン・ヒルシャウアーは、性転換を、セラピスト、鑑定者、医師など多種多様な職業人が関わる行為であることから、「プロフェッショナルな仕事の成果」と呼ぶ。

行政上、「トランスセクシュアル」は調査が必要な事案とされている。すなわち、地方行政裁判所に心理学者による鑑定書が提出されねばならないのだ。この鑑定書は、性転換者の性アイデンティティが今後変わることはないと確認するもので、これなしには行政裁判所での公的性別変更は不可能である。心理学者による鑑定書には、必ずしも（法に定められているとおり）本人が別の性別に属すると感じているかどうかのみが記されるわけではない。「トランスセクシュアリティ」を病気、または

「障害」と判断する鑑定書も多いのである。[35] その際の指針となっているのが、WHO（世界保健機関）のICD－10（疾病および関連保健問題の国際統計分類）ハンドブックに「トランスセクシュアリティ」が「障害」と分類されていることである。ICDの第五章F00－F99節には、心理学的障害および行動障害がリストアップされている。そのなかのF60からF69までが「人格障害および行動障害」に充てられている。しかし、なぜ性転換者が行動障害者に分類されるのだろう。連邦憲法裁判所は、トランスセクシュアリティを病と見なしてはいない。トランスセクシュアルの定義は、本人が別の性に属すると感じていること、その感覚が持続的なものであることのみだ。わざわざ性転換者が病気であり、その感覚が「不自然」であると定義する必要はないはずだ。公的書類の性別記載を変更したいと望む者は、二通の心理学鑑定書を提出するのみならず、鑑定書作成のために必要な医師との面談において、自身の苦しみをわかりやすい形で語ってみせねばならない。そのことを嘆くトランスジェンダーは少なくない。自身の苦しみを、「間違った身体」を持って生きる苦しみだと表現する者もいれば、逆に、自分の身体が社会的に受け入れがたいものだと解釈されることに対する苦しみだと表現する者もいる。病という分類を基本的には否定しないトランスジェンダーもいる。生まれ変わる前の、別の身体、別の名前での人生に大きな痛みを感じてきたからだ。だが、病との診断を受け入れがたいと考えるトランスジェンダーも多い。そういう人は、当然のことながら、「障害者」であるという決めつけを拒絶する。だが、鑑定書を手に入れようと思うなら、心理学鑑定の過程で、この決めつけに同意し、自らすすんで「障害者」を演じなければならないのである。

作家であり批評家であるダニエル・メンデルソンは、エッセイ『密やかな抱擁』のなかで、大学で古典言語を学んだことで得られた認識について書いている。古代ギリシア語には、men という単語と de という単語によって作られる典型的な重文があり、「一方では」と「他方では」と訳される。「ギリシア人は men 前進し、トロイア人は de 抵抗した」というふうに、対立する事案を表すふたつの文章がつながる。メンデルソンは、この「一方では－他方では」という文章構造が、徐々に思考に影響を与える過程を記している。「長いあいだギリシア文学に携わっていると、別の問題をもこのリズムで考えるようになる。自分の生まれた世界 men、自分が生きることを選んだ世界 de、というふうに」[36]

男性らしさ、女性らしさも、この「一方では－他方では」という対立構造でとらえられることがほとんどだ。男性らしさ、女性らしさがどのような歴史的文脈、どのような文化のなかで定義されるにせよ、「自然」で「根源的」な性のあり方という枠組み自体は、決して消えることがない。「男女の本質的な相違」の概念は目に見える形で存在し続け、社会秩序を支えていく。性とは自然なものであるという主張は常に、性とは明確で「一義的」なものでなければならないという思想と結びついている。[37]

この「一義性」から外れる人、すなわち生まれ持った性に（身体や日常生活を通して）反する人や、男女という性の範疇に当てはまらない人には、いまだに医学的、心理学的に障害があると見なされる。だがここで「根源的」で「自然」であるはずだとされているのは、身体ではなく、むしろ men と de にとらわれた思考構造のほうではないだろうか。というのも、「病」だと宣告を受けるのは、この思

考の枠組みに当てはまらない人間だからだ。(38)

トランスジェンダーが病と見なされることの問題点は、社会的な認知や書類上の性別変更といった規範的、法的なものばかりではない。「病」という烙印によって、トランスジェンダーは、必要な——そしてほかのあらゆる人間と同様に享受する権利のある——政治的、社会的保護を受けられなくなるのだ。規範から逸脱するのみならず、「障害」を持っていると烙印を押されることで、トランスジェンダーは社会から排斥され、放置されることになる。さらに、社会的な地位の失墜は、不幸なことに軽蔑や暴力を誘発する。トランスジェンダーは日常生活において軽蔑や暴力にさらされている。(39)トランスジェンダーに敵意を持つ人間やグループにとっては、トランスジェンダーを病だとする考え方は、軽蔑、嘲笑、残虐な攻撃や性的暴行のための恰好の「言い訳」である。

二〇一六年六月にフロリダ州オーランドで起きた銃乱射事件からも明らかなように、社会の保護を受けられない状況は、同性愛者、両性愛者、トランスジェンダー、インターセクシュアル、クィアに共通の問題である。(40)彼らはその他の点ではそれぞれ異なっており、それぞれが個人として独立した存在でいたいと思ってはいるが、傷つけられやすいという点だけは、皆に共通している。社会規範の根拠となる多数派とはいくらか違った愛情や欲望や外見を持つ私たちはいまだに、公共の場で侮辱や攻撃を受ける可能性を常に考慮していなければならない。通りで手をつないだり、キスをしたりする行為にどれほどの危険が伴うかわからず、常に攻撃を予測しておかねばならない。自分たちがこの社会ではいまだに、憎む者たちの迫害と暴力の対象であることを、常に自覚していなければならない。

「歴史上、同性愛者の集まる場所は常に暴力にさらされてきた」と、ディディエ・エリボンはその素晴らしい著書『ランスへの帰還』で書いている。「あらゆる通り、公園のあらゆるベンチ、人の目の届かないあらゆる場所が、過去、現在、未来におけるその種の攻撃の記憶を宿している」[41]

「国際反ホモフォビアの日」である二〇一六年五月十七日、「トランス・マーダー・モニタリング・プロジェクト」は、以下の数字を発表した。二〇一六年一月一日から発表時までの四か月余りのあいだに、世界中ですでに百人の性的マイノリティが殺害されている。二〇〇八年一月のモニタリング開始から二〇一六年の四月三十日までに、六十五か国にわたる二一一五人が、ホモフォビア、トランスフォビア、バイフォビアによる暴力によって死亡している。そのうち一六五四件が、中央アメリカおよび南アメリカで起きた殺人事件である。ＯＳＣＥ（欧州安全保障協力機構）は、二〇一四年の「ヘイトクライム統計」のなかで、警察に記録された「ＬＧＢＴに対するヘイトクライム」は一二九件であったと記している。この数字は、警察に記録された「ヘイトクライム」のなかでも、反ユダヤ主義的動機に基づく犯罪（四一三件）または人種差別的な動機に基づく犯罪（二〇三九件）に比べれば、格段に少ない。一方で、警察に通報はされなかったものの、市民活動によって集計、記録された事件の統計もある。そこでは、同年の人種差別的背景を持つ事件が四十七件であったのに対して、ＬＧＢＴに対する暴行は一一八件を数える。[42]

特に危険な憎しみと暴力にさらされているのが、トランスジェンダーとインターセクシュアルである。彼らは同性愛者よりもさらに大きな差別と残虐な暴力に直面している。それはなにより、彼らにとって安全で開かれた公共の場所が格段に少ないせいでもある[43]。彼らはプール、スポーツクラブの更衣室、公共のトイレといった場所から締め出されるか、またはそういった場所で傷つけられる危険にさらされている。彼らに向けられる特別な敵意は、単に反トランスジェンダーの人間や集団が、非一義性や矛盾に耐えられないというだけの理由で燃え上がることが多い[44]。だが、なにかが「非一義的」で「矛盾している」ととらえられるのは、そもそも既存のカテゴリーの多様性が限られているからである。トランスジェンダーへの蔑視は、自身の男らしさまたは女らしさが、多義的な性を持つトランスジェンダーによって危険にさらされる、または価値を失うという主張を伴うことが多い。だが、トランスジェンダーは、そうでない人たちにまで性転換を求めているわけではないのだから、この主張は無意味と言わざるを得ない。トランスジェンダーはただ、自分たちが自由に生きる権利を制限するような社会的条件を疑問視しているだけなのだ。

*

トランスジェンダーのトイレの問題は、ここ最近、特にアメリカ合衆国でさまざまに議論されている。バラク・オバマの政府が公立学校に対して、トランスジェンダーに――出生証明書に記載された性別とは無関係に――自身の性アイデンティティに合うほうのトイレを使う自由を認める条例を出した。これに抗議して、十一州が政府を提訴した。いくつかの州は、政府が「職場や教育施設を大規模な社会実験の舞台にしている[45]」との抗議文を出した。少数派を法的、空間的に差別と暴力から保護することを「大規模な社会実験」だと理解するならば、この抗議は正しいと言えるかもしれない。

実際、驚くべきことに、自身の「根源的」な性別とは別の性別を自認する人々が落ち着いて用を足せる場所を得ることに対しては、非常に激しい抗議が起きる。「トランスジェンダーの解放がトイレのような些細なつまらない問題にかかっているなどというのは、くだらない思い込みではないか」——トイレを表すマークを変えよう、またはトランスジェンダーにトイレを解放しようという提案は、そういって非難されることが多い。こうした論は、トイレの役割を驚くほど過小評価していると言わざるを得ないが、それを別にしても、もし本当にトイレ問題がそれほど無意味でくだらないものならば、トランスジェンダーがどちらのトイレを使うかという問題もまた、ささいなことのはずだ。

複雑にとらえる必要はない。開かれた公正な社会には、学習能力があるはずだ。学習能力とは、環境や経済の問題に対処し、解決策を探す能力のみを意味するのではない。公正な社会とは、社会参加や政治的発言の権利が市民に与えられる際の基準を、自己批判的に問うことのできる社会であるはずだ。学習能力のある社会とは、本当に市民全員が平等な機会、平等な保護を与えられているか、タブーやイデオロギー上の「シボレテ」による可視または不可視の障壁があるのではないかと自問することのできる社会であるはずだ。そのためには、法律やその運用のみならず、新たな建築物の建設や既存の建築物の改築、さらにはメディアの役割も重要だ。多少の自己批判と皮肉を伴う好奇心があれば、それらは可能なはずだ。

現在では、手話によるニュースや、聴覚障害者のための字幕付きテレビ番組は当たり前のものとなっている。駅や公共の建物には、歩行困難者や車椅子利用者のための設備がある。多くのレストランには食物アレルギー患者のための驚くほどきめ細かいサービスがあり、どれほど珍しいアレルギーにも配慮してもらえる。それなのに、トランスジェンダーが自分に合ったトイレに行くことが、なぜ不可能なのだろう。現代社会では、我々市民がそれぞれ異なる文化的、宗教的、または健康上の必要に合わせた生活を送ることは、当然の権利だ。そのための特別な省察やエネルギーはもはや必要ない。建築物など物理的な変更が必要な場合に、経済的な投資が必要になるだけだ。だから、トランスジェンダーのために安全な空間を用意することも、当たり前であるはずだ。そういった配慮は、プールや学校のみならず、刑務所や難民保護施設や国外退去待機施設でも必要とされる。二〇一六年三月、ヒューマン・ライツ・ウォッチは、「私がここでどれほど苦しんでいるかわかりますか」というタイトルの報告書を公開した。アメリカ合衆国で男性用の刑務所や男性用国外退去待機施設に収容された女性トランスジェンダー難民に対する虐待を記したものだ。[46]この報告書には、女性トランスジェンダー難民が、女性刑務所ではなく、出生時に与えられた「根源的」な性別に従って男性用施設に収容されている実態が記録されている。彼女たちはそこで、男性職員による身体検査を受けねばならないのみならず、頻繁に暴力行為の犠牲となっている。トランスジェンダーの女性が受けるあまりに激しい虐待は施設職員の目にもとまるため、彼女たちはしばしば「身の安全のため」に独居房に収容される。通常、独居房での監禁は囚人に対する罰として行われる残酷な措置だ。ところが、それがここでは、トランスジェンダーを保護するための配慮だとされるのである。

国家や社会によるこういった措置や規範はすべて、身体または性は「自然」で「根源的」な範疇に収まらなければならないというだけの理由で、正当化されるものだろうか。個人または集団の苦しみ、社会からの疎外、病との認定はすべて、根源的とされる秩序が乱されてはならないというだけの理由で、許容されるのだろうか。「自然」にはいったいどれほどの権威が与えられているのだろう。その「自然」が神聖なものとされるのは、トランスジェンダーを他者として排斥するときのみだというのに。

基本法の第二条は、個人の生命と「身体的安全」を最大限に保障し、「個人の自由」を守ると謳っている。「個人の部分的な自由」とは書かれていないし、「出生時に定められた性別を保持する個人限定の自由」とも書かれていない。「自然」な男性性と女性性という伝統的な概念に沿った生き方をする個人限定の自由」とも書かれていない。基本法には「個人の権利と自由」と書かれている。個人が自身を変化、発展させてはならないとは、どこにも書かれていない。むしろ逆である。基本法はまさに個人の行動の自由を保障しているのだ――それが他者の自由を妨げない限り。基本法は多数派のみでなく、すべての人間に適用される。そして、すべての人間を守る義務がある――どんな観点からであれ、多数派から逸脱した人間をも。

＊

トランスジェンダーがほかの人間と同じ社会的認知を求める理由を説明せねばならないのは、トランスジェンダー本人たちではない。トランスジェンダーにも他の人間と同じ主体的権利、同じ法の保護、公共の場所に立ち入る同じ権利があるのだと説明せねばならないのは、本人たちではない。自身の生き方を正当化せねばならないのも、本人たちではない。なぜトランスジェンダーにも個人の権利と自由があるのかを説明せねばならないのは、彼らから権利を奪おうとする者たちのほうだ。「トランスセクシュアル法」を改正して、トランスジェンダーが事前の鑑定を経ずとも自己決定権を持てるようにする時期が来ているのではないだろうか。アルゼンチンとポルトガルではすでに実現しているように、届けの提出のみでも性別変更が可能になることが望ましいのではないか。登記所にて性別変更の希望を表明し、その後証明書によって性別変更が確定するというシステムを作ることは、不可能ではないはずだ。(47)

「ギリシア語の〈men...de〉という特別な構造の興味深い点は、それが必ずしも対立事項を表すとは限らないことである」と、ダニエル・メンデルソンは書いている。「ときには――いや、むしろ頻繁に――この構造はふたつの概念、特徴、名前を結びつける役割を果たす。ふたつを区別するのではなく結び付け、分離するのではなく多様化するのである」(48)

この考え方が受け入れられることを、私は願ってやまない。対立しているように見える構造が、多様な結びつきを実現する形式となることを。社会がトランスジェンダーに自由に生きる権利を与えたからといって、誰もなにかを失うことはない。誰からもなにかが奪われることはない。誰も自分を変える必要はない。どんな人も家族も、自身の思う男らしさ女らしさを否定されることはない。ただ、トランスジェンダーにも、健康で自由な人間として、ほかのあらゆる人間と同じ主体的権利と、国家からの保護を認めるべきだというだけのことだ。そうしたからといって、誰の権利も侵害はされないし、誰もないがしろにされることはない。むしろ、皆が自由で平等な人間としてともに生きる余裕が生まれることになるだろう。それこそが、いま我々がしなければならない最小限のことだ。トランスジェンダーに個人としての自由を認める仕事が、トランスジェンダー本人に押し付けられてはならない。迫害され、ないがしろにされる本人が、自身の自由と権利のために闘わねばならない社会であってはならない。皆が同じ自由と権利を持てるようにすることは、我々全員の仕事なのだ。

＊

純粋

彼らは、破壊欲と、罰を受けずに済むという確信とで頭がいっぱいだ。
クラウス・テーヴェライト『加害者の笑い』

自身の属する集団またはイデオロギーの価値をほかより高く見せ、「我々」を「他者」と区別するためのもうひとつの戦略は、自身の「純粋」さを主張することである。この場合、一方を仲間、もう一方を敵と見なす「シボレテ」によって区別されるのは、「穢れない」とされるものと「穢れている」とされるものである。穢れている、純粋でないと見なされた者は、排斥され、罰せられる。サラフィー・ジハード主義、いわゆるISのテロネットワークのイデオロギーが広め、自身の暴力を正当化するために使っているのが、この「純粋性」というプロパガンダである。

いったいなぜテロ集団のイデオロギーなどに目を向けねばならないのか、という反論があるかもしれない。彼らがベイルートやチュニス、パリやブリュッセル、イスタンブールやラッカで意図的な無差別殺人を行っているという事実を知っていれば、じゅうぶんではないか。ユダヤ人だというだけで彼らに殺されたトゥールーズの子供たちのことを思い出すだけで、じゅうぶんではないか。または、パリのユダヤ教徒用スーパーマーケットにおける殺人。ブリュッセルのユダヤ博物館における殺人。すべて、ユダヤ人であるというだけの理由で犠牲になった人たちの悲劇だ。フランスの風刺雑誌『シャルリー・エブド』編集部への攻撃。犠牲者は、風刺画を描いたというだけの理由で殺された。たとえ誰かを怒らせる可能性があろうとも、批判とユーモアの自由は守られるべきだと考えたというだけの理由で。それに、パリのバタクラン劇場での大量殺人。若者たちが、イスラム教徒もキリスト教徒もユダヤ教徒も無神論者も区別なく、以前ユダヤ人が所有していたクラブに音楽を聴きに出かけたというだけの理由で殺された。(49) チュニスの海岸での虐殺では、保養にやってきた人たちが無差別に殺された。また、フランスのマニャンヴィルでは、警官とその妻が殺された。シリアでは、ヤズディ教徒女性たちが性奴隷として苦しめられている。イラクとシリアでは、愛情と欲望の方向性が他と違うというだけの理由で、同性愛者たちが高い壁から突き落とされて殺されている。(50)

これらの事件にイデオロギーなど関係があるのだろうか、という疑問もあるだろう。メキシコの麻薬犯罪カルテルとも（その残虐性、誘拐と脅迫の手法、メディアを通して恐怖を煽るやり方、国際性という点で）似通った犯罪者集団のおぞましいテロではないか、彼らのプロパガンダ理論を考察する必要がどこにある、と考える人もいるかもしれない。パリでのテロの後、アメリカ合衆国の大統領であるバラク・オバマは、犯人たちを「良質のソーシャルメディアを備えた殺人者集団」と呼んだ。世界中で殺人を犯すそんな組織の教条を理解しようと試みたりすれば、事態の深刻さを軽視することになりはしないか、と問う人もいるだろう。

アメリカ合衆国のブルッキングス研究所で「合衆国とイスラム世界との関係」プロジェクトを率いるウィリアム・マカンツは、ＩＳ分析にかけて最も見識の深い専門家のひとりである。マカンツはこう書いている。「ジハード主義の文化を十年間研究しているが、彼らが人を熱狂させ、罪もない人間の命を奪うよう仕向けることに成功しているという事実には、いまだに驚き、嫌悪を催す[51]」。殺人を犯すよう人を仕向けることがどうしたら可能なのかには、説明が必要だ。他者をもはや人間とは見なさないように仕向けることがどうしたら可能なのか。どんな憎しみが植えつけられれば、なんのためらいもなく、子供、女性、男性を拷問し、殺すことができるようになるのか。どんな教育を施せば、より高次の目的とされるもの――または、暴力という倒錯的な見世物に熱狂する同志たち――のために、他者の命を奪い、自身の命を犠牲にすることをいとわなくなるのか。

ＩＳがなにをしようともはや驚かないという意見もある。ＩＳの殺人自体は議論の余地なく悪と断じられる一方、そもそも人間があれほどなんのためらいもなく殺人に走ることに対する驚愕は消えつつある。ＩＳによる攻撃の数があまりに多いため、いつの間にか我々のほうにも慣れが生まれたかのようだ。彼らはＩＳの信奉者だから――それだけで、人があれほどの憎しみを植えつけられ得ること、他者をあそこまで軽視するようになることの説明になってしまう。こういった奇妙な姿勢は、暴力の通俗化という危険をはらんでいる。つまり、ＩＳのテロが一種の自然法則であるかのように見なされる危険だ。そう見なされた結果、イスラムテロは自動作用に従っているのであって、そこに始まりなどなかったのだと考えられるようになってしまう。

しかし、憎しみと暴力は、最初からそこに存在するわけではない。イスラムの憎しみと暴力も同様だ。それは「イスラム」そのものから発生したのではない。憎しみと暴力は、イスラム的なものではなく、全体主義的イデオロギーを持つテロ組織によって人為的に作り出されたものだ。確かに、テロに似た戦略は、イスラムの書物のなかにも見られる。だがそれらのテキストを似非厳格主義と暴力礼賛の主張へと捻じ曲げることに対しては、ほぼすべてのイスラム学者が抗議している。二〇一五年、最も大きな影響力を持つ百二十人のイスラム学者が、ＩＳの信奉者への公開書簡で、ＩＳのイデオロギーを明確に「非イスラム的」であると批判した。しかも、こうしてＩＳに反対の立場を表明したのは、決して特別にリベラルな改革主義者ばかりではない。書簡には、エジプトの大ムフティであるシャイフ・シャウキー・アラムや、イラクのイスラム法学者同盟の創始者であるシャイフ・アル＝クバイシの名もある。ほかにも、チャド、ナイジェリアからスーダンやパキスタンに至るまで、幅広い地域のイスラム学者が名を連ねている。[52] ＩＳの戦略家たちは、原典とその権威を自分たちの主張に都合よく歪曲している。文脈を無視して個々の文章のみを引用したり、テキスト全体を考慮することなく、個々の節を使用したりする。彼らはその解釈によって、イスラムを歪曲し、倒錯したものに作り変えてしまう――この点で、イスラム学者たちの意見は一致している。

ＩＳの暴虐は、突然降ってわいたものではない。実行犯である操り人形たち――すなわち、自爆テロやシリアやイラクでの戦争へと駆り立てられる者たち――は、他者を殺しても構わない敵としか見なさない訓練を、事前に施されている。女性、ユダヤ人、同性愛者、シーア派、またはイスラムの教えに反すると見なされたあらゆるイスラム教徒に対する憎しみの構図は、無数の書物や映像、演説や詩によって形成され、会話を通して、インターネットや通りで拡散していったものだ。

本書の前半で述べたとおり、憎しみと暴力をただ断罪するのではなく、その機能の仕方を見極めることは、どこにほかの道があったか、どこで別の決断が下せたか、どこで介入し、どこで降りることができたかという可能性を明らかにすることでもある。憎しみと暴力をただ拒絶するのみでなく、憎しみがどのような戦略のもと、どのような比喩やたとえで形成され、拡散していくのかを見極めれば、それらの言説モデルのどこを突き崩し、解体すればいいのかを知ることもできる[53]。

ＩＳとはイスラム主義者が過激化したものではなく、過激派がイスラム化したものだと主張する人もいる。そんな人たちにとっても、ＩＳというテロネットワークがどのようにしてそれぞれまったく異なる環境で生きる人間たちを惹きつけ、虚無主義的な神学者に仕立て上げることができるのかを分析することは、必要不可欠である。なにより、言説と映像を駆使したＩＳの戦略、イデオロギー、自己イメージを把握することは、軍または警察によるテロ対策の前提だ。二〇一五年、近東における米軍特殊部隊の指揮官であるマイケル・Ｋ・ナガタ少将は、非公式に、テロに対する戦いにおけるこれまでの問題点を次のように述べた。「我々は彼らの動向を知らない。そしてそれを知るまでは、それを打ち負かすことはできない。我々は彼らの思想を打ち負かしていない。その思想を理解してさえいない[54]」

問題は（テロリズムや組織的暴力そのもののみならず）憎しみが育つ土壌であり、排斥のメカニズムであり、ますます過激化する（それゆえ早期に発見されるべき）思想である。それゆえ、社会のあらゆる場——隣人、友人、家族、インターネットのコミュニティ——が、ファナティックな思想を未然に摘み取るための努力を求められる。憎しみを生み出し、拡散させる構造、暴力を事前に正当化し、事後に評価する言説へと目を向けることで、文明社会の使命と行動の可能性が広がることだろう。犯罪の徴候が濃厚な場合には、公安機関の介入が必要となる。だが、ファナティズムとの闘いを公安機関のみに任せておいてはならない。宗教的、政治的、性的な多様性のある開かれた社会は、我々全員で守らねばならない。

＊

ＩＳの台頭は、イラクとシリアにおける近年の社会政治情勢の変化という歴史的文脈のなかの出来事ではある。だがそれでも本書では、ＩＳをサラフィー・ジハード主義の革命的変化、イデオロギー上の革新としてとらえる。ロンドン・スクール・オブ・エコノミクスのファワズ・ジャジェスによれば、ＩＳのサラフィー・ジハード主義的世界観を構築し、支えているのは、主に三つの書籍である。第一に、アブー・バクル・ナージが二〇〇〇年代初頭に著した二八六ページにわたる指南書『野蛮性の管理』。第二に、アブー・アブドゥラ・ムハージルによる『ジハード法入門』、第三はファドル博士ことサイード・イマム・シャリフによる『準備の本質』である。[55] ＩＳに加わったり、殺人行為によってＩＳへの共感を表明したりする者のほとんどは、これらの書を読んだことがないだろう。それでもこれらがＩＳの自己イメージを理解するために大変有益な書物であることには変わりがない。これらの書よりもさらに有名なのは、ＩＳ指導者であるアブー・バクル・アル＝バグダディの数少ない演説や、ＩＳの広報官アブー・ムハンマド・アル＝アドナニがさまざまなメディアを通して拡散させた映像メッセージだろう。[56]『ツァイト』紙のテロリズム専門家ヤシム・ムシャルバシュによれば、イラクのアルカイダ創始者であるアブー・ムサブ・アル＝ザルカウィの演説もここに加わるという。[57]さらに有名なのは、二〇一四年八月に公開された三十六分にわたる『アポン・ザ・プロフェティック・メソドロジー』のような、非常に手の込んだ演出を施したプロパガンダ映像だろう。[58]

さて、ＩＳは自身についてどのような物語を語っているのだろう。そこではどのような「我々」が主張され、作り出されているのだろう。そして、いかなる憎しみのモデルが、人を拷問や殺人へと向かわせるのだろう。ＩＳの根底をなす書物や演説を読んで最初に目につくのは、仲間に迎え入れるという約束である。二〇一二年の「ラマダン月におけるムジャヒディンとムスリム共同体へのメッセージ」と題されたアブー・バクル・アル＝バグダディの演説は、だいたい次のような主旨のものだ。「君たちにはひとつの国家、ひとつのイスラム帝国がある。そこではアラブ人も非アラブ人も、白人も黒人も、東洋人も西洋人も、皆が兄弟なのだ」[59]ＩＳの自己像の矛盾は、一方で国家を名乗りながら、他方では潜在的に既存の国民国家の境界にとらわれない開かれた組織構造を持つと主張する点にある。[60]ＩＳは既存の国民国家を越えた、無限の領土と吸引力を持つイスラム帝国を作り上げようとしている。「ＩＳは、イスラムのそれを除くいかなる人工的な国境も国籍も認めない」。それゆえアル＝バグダディは、ムジャヒディンに宛てたメッセージで、はっきりと超国家的「我々」に呼びかけている。アラブ人、非アラブ人、白人信者、黒人信者、東洋人、西洋人——皆に集結せよと呼びかけている。世俗主義、偶像崇拝、「不信心者」「ユダヤ人」、そして「彼らを擁護する者」と戦うために。

ISの憎しみのもとで、ひとまず全員が平等な存在となる。ISのジハードという前衛運動に参加する資格は、（ほぼ）誰にでもあるのだ。若者にも年配者にも、男にも女にも、アラブ諸国の者にも、チェチェン出身の者にも、ベルギーやドイツやフランス出身の者にも。肌の色も社会階層も問われない。高校を中退した者であろうと、大学入学資格を持つ者であろうと、サダム・フセイン統治下のイラク軍の元将校であろうと、軍人としてはまったくの素人であろうと構わない。(61) ISの一員になることを望む者、アル＝バグダディによって流布された教条を信奉する者は誰でも歓迎され、支配層に属する人間として他より高い給料が支払われる。「イスラム教徒はあらゆる場所で支配者となる」(62)

つまり、ISは一方では参加を望むあらゆる人間に開かれていると主張する。ところが他方で、彼らにより高い地位を約束する。ISに帰順する者は、権力を握るか、そうでなければ少なくとも自由を得るとされる。そしてその他の人間はすべて低い地位へと落とされる。つまりISは、一方では平等を謳いながら、他方では区別を明確にする。ISのジハード主義的前衛運動の野望は、敬虔な父祖たち（「アル＝サラフ・アル＝サーリフ」）が実践していたイスラムの「根源的」な形式を再生させる（さらにそれを暴力によって実現する）という帝国主義的なものだ。この中世のイスラムへの回帰志向が歴史的に正確な考察に基づいたものなのか、それともむしろ完全なる現代の創造物なのかについては、疑問が残るところだ。だがいずれにせよ重要なのは、「真の」イスラムへの回帰と決起を促すレトリックである。[63]

ここで重要なのは、以上がすべてスンニ派イスラム教のプロジェクトである点だ。シーア派は他者の範疇に属する者として誹謗され、軽蔑される。スンニ派の汎イスラム主義ヴィジョンの矛盾は、一方でスンニ派至上主義的なアイデンティティ政策を取りながら、同時に普遍的なジハード主義を訴える点にある。[64] ＩＳは自身を、境界を設けない組織であると主張すると同時に、厳しく境界を設ける組織であるとも主張する。包括的であると同時に閉鎖的であると主張するのだ。人類学者のメアリー・ダグラスは、純粋性と危険についての著書で、「純粋である、または穢れているという主張は、自身のステイタスをめぐる対立と結びついている」と述べる。[65] ＩＳは純粋性を礼賛することで、可能な限り高次のステイタスを追求するのである。

時間を超越した「我々」の一員として無条件に受け入れられると同時に「よりよき」「より真なる」イスラム教徒となれる――まさにこの二重の約束こそが、大きな魅力なのではないだろうか。どこにも属せず、歴史的使命の一部としての自分をどこにも見いだせないヨーロッパのイスラム教徒たちを惹きつけるのは、この二重の約束なのだろう。常に二級市民として扱われ、社会から疎外されていると感じる者、自由と平等と友愛の理想を空論だと感じる者、仕事が見つかるあてのない失業者、犯罪の多い環境で先の見通しもなく生きる者、人生になんの意義も見いだせない者、人生に意味を求める者、なんらかの転機を探す者――こういったすべての人間にとって、この誘いは魅力的な響きを持つに違いない。彼らは虚偽の共同体に惹かれる。だがその共同体は、すべての人間を歓迎すると謳っていながら、実は反個人主義的で権威主義的な組織であり、最終的にはあらゆる構成員から個人としての生き方を奪う。確かにＩＳは、個人としての名声を約束してはいる。オンライン機関誌『ダービク』のようなメディアは、戦士たち個人の物語や彼らの軍事作戦について詳しく報じている。だが現実には、ＩＳというシステムは、組織の意図からの逸脱や組織への「不忠」を容赦なく罰するのである[66]。

過激な（自己）浄化という超保守的なプロジェクトにおいては、キリスト教徒やユダヤ教徒ばかりではなく、背教者とされるすべての人間が、現実または仮想の敵と見なされる。ＩＳの指南書である『野蛮性の管理』は、イスラム共同体を「没落」から救い出すことをＩＳの使命と定義している。イスラム没落の責任は、「西洋」またはかつての植民地宗主国のみならず、イスラム教徒を信仰から逸脱させたあらゆる誘惑にもあるとされる。「大衆の力が弱められ、彼らの自意識は数多くの誘惑によって低下させられた[67]」。『野蛮性の管理』には、神に対する義務から逸脱したイスラム教徒に対する軽蔑が書き連ねられている。イスラム教徒にふさわしからぬ軟弱さを招く要因として挙げられているのは、「性器と消化器の欲望」、富の追求、「欺瞞的メディア」などだ。イスラム教徒を唯一神への純粋な畏敬から逸脱させるものはなんであれ、堕落または「汚染」の烙印を押される。ＩＳが暴力をもって打ち立てようとするのは、絶対的に敬虔な秩序、有害な情熱に衛生的な意味で汚染されていない秩序である[68]。

ＩＳが拠り所とする書物が広めている言説は、黙示録を思わせる不気味なものだ。ジハード攻撃は、質的にも戦略的にも段階的にエスカレートさせていくべきであるとされる。神の支配という目指すべき秩序へ向かう道程におけるカオスや不安定は、どんなものであれ奨励される。敵は「虐殺され、故郷を失う」目に遭わねばならない。寛容や、暴力という手段への疑念は、間違った軟弱さだと非難される。「我々が聖戦において暴力を避け、軟弱になれば、それが強さを失う大きなきっかけとなることだろう」[69]。

ＩＳの世界観は二元的で、そこには絶対的な悪と絶対的な善しか存在しない。両極の狭間には、どんな差異や矛盾もない。これは、あらゆる原理主義者や狂信者に共通の特徴である。彼らは自身の立場に対する疑念を決して許容しない。どのような思想も、論点も、引用も、すべては絶対的な一義性を有していなければならない。そして、それこそが、あらゆる権威主義的組織の特徴である。社会的、政治的な意見の相違が存在し得る場がないのだ。どれほど残酷きわまる虐殺も、人質の斬首や火刑も、すべてが説明され、「正当化」される理由は、まさにそこにある。ＩＳの処刑の場面を記録した映像を見て一番驚かされるのは、それが本当にＩＳ戦士候補に対する「教育的な」効果を持っていることではなかろうか。どれほど残酷な行為も、どれほど耐え難い人間蔑視のアピールも、すべてが「教育」のために作られており、すべてに「正当な理由」が付与されている。処刑や、シーア派のモスクや建築物の破壊など、すべてが常に「必要不可欠」な行為であったと強調される。どれほど恣意的な暴力であろうと、決して恣意的であるというイメージを喚起してはならないのだ。どんな行為にも、演出を楽しむ、または人の苦しみにサディスティックな喜びを感じるといった個人的で主観的な要素があってはならない。ISの名のもとに行われるあらゆる行為には、神学論的に説明可能な形式が、すなわちサラフィン主義的、ジハード主義的「理由」がなければならない。いくつかの事例で明らかに見られる暴力に対する喜びは、それだけでは理由としてじゅうぶんではない。暴力には意味が付与されねばならない。必ずしも正しい「理由」である必要はない。より重要なのは、憎しみと暴力が決して偶然の産物ではなく、意図的なコントロールのもとで行使されるというイメージである。あらゆるテロは、ISという組織の正当な権威を反映した論理的なテロという外見をまとっていなければならない。この永遠の自己説明は二方向に向けられており、二重のメッセージを持っている。すなわち、ISは一方では外部に向けて、我々は単なる無計画なゲリラグループではなく、権力を持つ正当な国家であり、技術的な面でもあらゆるポップカルチャーとコミュニケーションを取ることができるとアピールする。そして他方では、内部に向けて、ここでは自立的な決断などあり得ないし、ましてや民主主義的な野心など許容されないと宣言している。絶え間なく発信される覇権的な言説によって、ISは己の全体主義的な統治を内外に知らしめるのである。

*

現在のISは、その純粋性への偏愛を、イデオロギーという垂直方向のみならず、水平方向へも広げている。一方では前述のとおり、神学的、系譜学的方向に容赦ないプログラムを展開――すなわち祖先の行為や信条の記憶を喚起（または、現在のための模範として捏造）――しながら、他方では、清浄化への野望を、現在のアラブ諸国およびヨーロッパ諸国の文化的に自由で多様な社会に向けてもいるのだ。他者の範疇に属するもの、すなわち汚れたもの、純粋でないものとは、変節し、歪曲されたイスラムばかりでなく、なにより宗教と文化の多様性を可能にする世俗国家の基礎となるヨーロッパの自由思想を意味している。それこそが、ＩＳの教義にとっての絶対的な他者なのである。複数性、多様な宗教の共存、特定の宗教に依存しない世俗的な国家こそが。

ＩＳの元指導者であるアブー・ウマル・アル＝バグダディが二〇〇七年に発したメッセージ「言うがいい、私は私の主からの明証のもとにいると（Say I am on clear proof from my Lord）」には、次のような言葉がある。「世俗主義にはさまざまな旗印、さまざまな党があるとはいえ、どれも明確な不信仰であり、イスラムに反するものであると、我々は考える。世俗主義を実践する者は、イスラム教徒ではない」[70] 興味深い発言である。ＩＳは世俗主義を不信仰である、イスラムに反するものであると断罪している。だが世俗主義は宗教ではない。にもかかわらず、ＩＳが世俗主義をわざわざ否定せねばならないことは、注目に値する。アル＝バグダディは、「世俗主義の実践」が非イスラム的であり、イスラム教徒にあるまじき行為であると強調している。まるで、世俗主義が個人的な行為であるかのような言葉だ。世俗主義が祈りの儀式や巡礼などを必要とするかのようだ。まったく奇妙なことである。なぜなら世俗主義とは、国家の権威はあらゆる宗教権力から独立したものであるという考え方のことだからだ。

だが純粋性のイデオロギーは、多様な信仰や宗教が互いに共存する可能性を認めない。自由思想を奉じ、個々人の信仰にかかわらずあらゆる人に同じ権利と保護を与える国家を認めない。誰もが同じ主体的権利を持ち、誰もがそれぞれの信仰に従って生きることが許され、誰にも同じ人間としての尊厳が認められる民主主義的、世俗主義的社会の存在を認めない。ＩＳにとっては、文化的、宗教的多様性ほど厭わしいものはない。自由なもの、多様なものはすべて、純粋性への偏愛に反するのである。この点で、ＩＳの狂信的なイデオローグと、ヨーロッパにおける新右翼のイデオローグは互いに似通っている。文化的に「不純」なもの、多様な信仰の平和的な共存は、彼らにとっては敵である。イスラムがヨーロッパの一部であり得ること、ヨーロッパの開かれた民主主義においては、それぞれの憲法を順守する限り、イスラム教徒も、他の宗教の信者や無神論者と同じように認められ得ること――彼らにとって、それは考えられない、望ましくないことなのだ。

まさにそれゆえに、ヨーロッパでの難民受け入れをめぐる人道的危機に際して、ＩＳは積極的に反アンゲラ・メルケルのプロパガンダを発信したのである。少なくとも五本の映像メッセージでＩＳは、ヨーロッパへは行かないようにと難民たちに警告している。[71] このメッセージでは、ユダヤ人やキリスト教徒や「不信仰者」とともに暮らすイスラム教徒が激しく批判されている。右翼の扇動者は、難民に対する人道的な態度はＩＳを支援することになると主張するが、それは間違いである。逆に、イスラム難民を公正に扱い、歓迎の意を表し、ヨーロッパ社会の一員となる現実のチャンスを与える態度、法律、行為のすべてが、ＩＳのイデオロギーに対する直接的な脅威となるのだ。確かに、ＩＳが難民の移動ルートを利用して、潜在的なテロ暗殺者をヨーロッパへ送り込んでいることは、安全政策の面で決して過小評価できない危険である。だが難民の流入を規制したところで、テロとプロパガンダによってヨーロッパ社会を二極に分化するというＩＳの軍事面での作戦プログラムが変わることはない。ヨーロッパのイスラム教徒と非イスラム教徒とを分離させることがジハードの目的であることは、明言されている。ＩＳは倒錯的とはいえ首尾一貫した合理性を備えており、ヨーロッパまたは米国でのテロ攻撃の後に、それぞれの被害国が自国のイスラム教徒をひとくくりにして罰することを望んでいる。イスラム教徒は、現代の世俗国家において、ぜひとも疑念の目で見られる必要があるのだ。そして孤立し、排斥される必要がある――そうなってこそ、彼らは現代民主主義から離反し、結果的にＩＳに帰属することになるからだ。イスラム教徒によるテロが起きるたびにすべてのイスラム教徒を呪う声、イスラム教徒に基本的人権や尊厳はないと叫ぶ声、イスラム教を暴力とテロにのみ結び付ける声のすべてが、ヨーロッパの二極分化というイスラム過激派の夢をかなえ、望むと望まざるとにかかわらず、純粋性への偏愛を支援することになるのだ。

それゆえ、ヨーロッパ自由主義にとって重要なのは、これからも変わらず世俗の開かれた現代社会を支持し続けることだ。文化的、宗教的、性的多様性を容認するのみならず、積極的に支持することができるかどうかに、ヨーロッパの未来がかかっている。個人の――規範から逸脱する者や、意見を異にする者も含めて――自由は、多様性のなかでのみ花開く。異論や自己疑念はもちろん、非一義性の一要素である皮肉が許容されるのも、リベラルな社会においてのみである。

3

不純なものへの賛歌

Lob des Unreinen

〈我々〉とは〈私〉の加算でも並列でもない。
ジャン＝リュック・ナンシー『単数で複数であること』

一七五二年から一七七二年にかけてドゥニ・ディドロとジャン＝バプティスト・ル・ロン・ダランベールが編纂した、啓蒙の概説書とでも呼ぶべき『百科全書』全二十八巻には、現代にも通じるファナティズムの定義が掲載されている。執筆はアレクサンドル・ドゥルイール。「ファナティズムとは、盲目的で情熱的な熱意のことである。迷信的な物の見方に端を発し、馬鹿馬鹿しく不公正で残酷な振る舞いに及びながら恥も悔いもないばかりか、一種の喜びと満足さえ感じるようになる」[1]。これは、似非宗教の分野であれ、政治の分野であれ、現代のファナティストにも共通の特徴だ。彼らは憎しみを焚き付け、憎しみを「理由づける」教条や迷信を作り出す。そして、時に恥も悔いもなく馬鹿馬鹿しい意見を表明し、時に不公正で残酷な行為に及ぶ。くだらない陰謀論を盲目的に主張する彼らは、滑稽に見えることもある。だが、その陰謀論が実際に他者を動かし得る教義となってしまえば、もはや笑ってはいられない。人を委縮させ、弾劾し、烙印を押し、開かれた場と言葉とを奪い、傷つけ、攻撃するために憎しみが焚き付けられる事態は、面白くもなければ、馬鹿馬鹿しくもない。ファナティズムが奉じるのが均一の国家という概念であろうと、「民衆」という言葉を民族という意味で使う人種差別的世界観であろうと、「純粋性」と結びついた似非宗教的理想であろうと、あらゆる教義に共通するのは、専断的で意図的で非リベラルな「包括と排斥」のメカニズムである。

ファナティストの教条主義が依存しているものがあるとすれば、それは一義性だ。ファナティストは、「均一の」民衆、「真の」宗教、「根源的」伝統、「自然な」家族、「適切な」文化といった純粋な教義を必要とする。異議も多義性も矛盾も認めないパスワードとコードを必要とする。だが、まさにそこにこそ、ファナティズムの大きな弱点がある。「純粋さ」と「明快さ」の教義には、同じ教義で対抗することはできない。厳格さに厳格さで、ファナティストにファナティズムで、憎む者に憎しみで向き合っても、勝てる見込みはない。反民主主義と闘うには、民主主義的な法治国家の手段を用いるしかない。リベラルな開かれた社会は、己を守ろうとするならば、リベラルで開かれたままであり続けるしかない。現代の世俗主義的で多様なヨーロッパが攻撃を受けるならば、ヨーロッパは現代的で世俗主義的で多様であり続けることをやめてはならない。宗教的な、または人種差別的なファナティストが、自分たちのアイデンティティや他者との差異を用いて社会を分断することを試みるならば、人間は皆平等だと考える人々の連帯が必要となる。ファナティックなイデオローグが単純化した粗野な世界観ばかりを掲げるのなら、必要なのはさらに単純で粗野な別の世界観を提示することではなく、その世界観を差異化することだ。

それには、ファナティストの本質主義に同じ本質主義で応えないことも重要だ。それゆえ、憎しみと蔑視に対する批判と抵抗は、憎しみと蔑視の構造と条件へと向けられねばならない。重要なのは、憎む者を悪魔的な存在に仕立て上げて批判することではなく、彼らの言説と行為を批判し、妨げることである。憎しみが犯罪行為にエスカレートした場合には、加害者は当然法的に訴追され、可能であれば有罪判決を受けるであろう。だが、憎しみと純粋さへの熱狂に対峙するには、包括と排斥のテクニック、人を可視の存在と不可視の存在に分ける認識パターン、個人を集団の象徴としてしか見ない視線、といったものに対する市民社会（と市民）の抵抗もまた必要なのだ。ささいだが卑怯な侮辱や誹謗に対する勇気ある抗議、排斥される者に寄り添う法律や行動が必要だ。そのためには、既存のものとは異なる視点と異なる人間を認識するための、異なる言説が必要になる。憎しみのパターンがそれらに置き換えられ、「以前には差異しか見られなかったところに類似が発見され」て初めて、感情移入が可能となるのだ。[2]

ファナティズムと人種差別主義に対抗するには、その内容のみでなく、それが表現される形式にも目を向けねばならない。だがそれは、抵抗する側も過激な手法を取るという意味ではない。憎しみと暴力によって、内戦（または世界の終末）という妄想を助長することではない。大切なのは、不満が生まれ、それが憎しみと暴力へと変わっていく場所と構造に、経済的、社会的に介入することだ。ファナティズムを芽の段階で摘み取ろうと思うならば、似非宗教や民族主義の教義が唱える間違った安全神話の裏にどのような社会的、経済的不安が覆い隠されているのかと問うことを怠ってはならない。自身の命になんの価値も見いだせず、それゆえイデオロギーのために自分を犠牲にしてもかまわないと考える人間がなぜこれほど多いのかを、問い続けねばならない。

なにより必要なのは、不純で多彩なものを支持することである。なぜなら、まさにそれこそが、憎む者、純粋で一義的なものを偏愛するファナティストをもっとも戸惑わせるからだ。必要なのは、自由思想に基づく疑念と皮肉の文化だ。それこそが、ファナティストや人種差別的教条主義者が最も嫌うものだからだ。不純なものへの賛歌は、単なる机上の空論以上のものでなければならない。多彩なヨーロッパ社会を主張するのみならず、多彩なものを包括する共存社会を実現するための政治的、経済的、文化的投資が現実に行われねばならない。

だが、複数性に価値があると見なされるべきなのはなぜだろうか。それでは、ひとつの教義を別の教義で置き換えるだけではないか、という疑問があるかもしれない。宗教や文化が多彩になれば自身の信条や行為が圧迫されると恐れる者にとって、複数性はどんな意味を持つのだろうか。

ハンナ・アーレントの『活動的生』には次のような言葉がある。「我々が複数性のなかに存在する限り――すなわち、我々がこの世界で生き、動き、活動する限り――意味があるのは、我々が互いに(そして我々自身とも)話す内容、そして、話すことにおいて意味を生むことがらのみだ」(3)。まず、ハンナ・アーレントにとって、複数性とは避けて通ることのできない現実だったことに注目したい。たったひとりで孤立して生きる人間などいない。我々はこの世界に大人数で、すなわち複数で生きている。そして、現代社会における複数性とは、既存の規範の数だけを増やし、互いに似たり寄ったりの多くの規範を作り出すことではない。「人間の条件」および人間の行為は、アーレントにとって以下のような複数性を持つものであった。「皆が同じ人間ではあっても、奇妙なことに、誰ひとりとして、過去、現在、未来の別の誰かと同じではない」(4)。この描写は、現在流布している自己アイデンティティと他者との差異という思考に対するエレガントな反論となっている。ここでより重要視されているのは、誰もが人間という普遍的「我々」に属すと同時に、かけがえのない個人として独自性を持っていることである。ここで語られる複数性とは、硬直した「我々」、すなわち否応なく均一化されていく集団のことではない。ハンナ・アーレントの思想における複数性とは、それぞれが独自である個々の多様性から成るものである。誰もが誰もに似ているが、誰も誰かと同じではない——それこそが複数性の「奇妙」で魅力的な条件であり、可能性なのだ。個々の人間からその独自性を奪うことになる規範の押し付けはなんであれ、こういった複数性の概念に反するものだ。

ジャン゠リュック・ナンシーは次のように書いている。「個人は誰もが最初から独自の存在であり、それゆえ誰もがあらゆる他者と共に存在している」(5)。ナンシーによれば、独自性とはエゴイスティックな個のことではない。そして複数性とは単なる「〈私〉の加算または並列」ではない。独自性とは、他者との共存を通してのみ認識、実現可能なものなのだ。ひとりきりでは、誰も独自の存在ではない。ただひとりであるだけだ。人には社会的な共存の場が必要であり、個人の望みや欲求は、まさにその場においてこそ実現(または挫折)するものだ。均一な全体としての「我々」には、多様性も個性もない。すなわち、文化的、宗教的な多彩さ、多元的な社会、それぞれ異なる人生設計が同時に存在し得る条件と構造とを持つ世俗国家は、個々人の信条を圧迫するものではなく、逆にそれを可能にし、保護するものだ。社会における複数性とは、個人の（または集団の）自由を奪うものではなく、逆にそれを保障するものなのだ。

似非宗教の狂信者や民族主義者は、それとは別の世界像を描こうとする。彼らが求めるのは均一で根源的で純粋な集団社会であり、それこそがさらなる安全と安定をもたらすのだと示唆する。彼らは、複数性は社会の一体感を損ない、自分たちが価値を置く伝統を破壊すると主張する。そういった主張に対する反論はふたつある。まず、世俗国家という概念も伝統のひとつであること。世俗国家とは啓蒙の伝統に連なる概念だ。それに、伝統もまた作られるものだ。もうひとつは、均一で純粋な国家は、まず初めに「異質」「敵」「虚偽」と断罪されるものを排斥してからでなければ成り立たず、従って決して安定をもたらすものではないということ。本質主義的な意味で使われる「共同体」という概念は、安全も安定ももたらしはしない。個人の人生設計に規範を設けない開かれた多元的な社会のみが、個人それぞれで異なる信条と身体を守り、人生、愛、幸福についてのそれぞれの考え方や実践を保障するのだ。これは、よく非難されるような、理性に訴えるだけの規範的な理論ではない。不純なものへの賛歌は、傷つきやすく不安に陥りやすい人間の情緒的な欲求にこそ訴えるものだ。現代社会の文化的多様性を認めることは、個々の人生設計や個々の伝統、信仰を否定することではない。グローバル化した現実を認めることは、それぞれの個人が考える善き生き方を尊重しないことではないのだ。

私個人は、世俗法治国家の文化的、宗教的、性的多様性のなかにいると落ち着くことができる。公共の場での多様性が目に見える限り、そして私自身の個性と望み、ときには他者と違う信条を持つ私という個人の自由が守られていると感じる限り、安心していられる。自分の生きる社会が多様な人生設計、信仰、政治信条を認め、受け入れてくれると感じられれば、少しばかり強くなれる気がする。そういう意味では、私個人にとっては異質な生き方や発言もまた、私を安心させてくれる。そういうものに出会っても、いら立ちを覚えることはない。不安を覚えることもない。逆に、多種多様な行事や祭祀、行為や習慣は、私を幸せにしてくれる。音楽を楽しむ場所が軍楽隊であろうと、バイロイトのワーグナー音楽祭であろうと、娯楽を求めて行くのがFCウニオン・ベルリンのスタジアムであろうと、クロイツベルク地区のカフェ・レストラン〈ズュートブロック〉〔さまざまなLGBT関連の催しで知られる〕で催される「パンジー・プレゼンツ……」であろうと、信じているのが処女懐胎であろうと、紅海を割ったモーゼの奇跡であろうと、身に着けているのがキッパであろうと、革パンツであろうと、ドラァグであろうと――他者の多様性を尊重することは、彼らの個ばかりでなく、私自身の個をも守ってくれる。だからこそ、不純なものを支持することは――ときに批判されるような――世俗社会の複数性を奉る単なる「理性的」で理論的な教条ではない。むしろ重要なのは、情緒的な面での長所ではなかろうか。すなわち、社会の文化的、宗教的、性的多様性は、その社会を構成する人間の帰属意識や情緒的な安定を損なうのではなく、むしろ強化するものだ。開かれたリベラルな社会における人間どうしの絆は、文化的に単一で閉鎖的な社会のそれに決して劣らない。個人の特徴を、たとえそれが多数派のものでなくても、古臭くても、新しくても、奇妙でも、悪趣味でも関係なく守ってくれる社会に生きているというその意識が、まさにその社会への帰属感を強めるのだ。開放的で包括的であることを宣言し、本当にじゅうぶん開放的で包括的であるかどうか、常に自己批判とともに問い続ける、そんな社会に対して市民は、恣意的に疎外も攻撃もされることはないという信頼を抱くことができる。

真に多元的な社会に生きることとは、すべての人間が互いの個性を尊重し合うことだ。ほかの皆と同じように生きる必要も、ほかの皆と同じ信仰を持つ必要もない。ほかの人たちの行為や信仰を共有する必要もない。それらに共感する必要も、それらを理解する必要もない。これもまた、真に開かれたリベラルな社会が提供する大きな自由だ――互いを好きになる必要はないが、互いを容認できること。もちろん、容認すべきことがらのなかには、多くの人間にとっては非合理的で理解不能に思われる信仰も含まれる。主体的な自由には当然、伝統に縛られない生き方や無神論者としての生き方をする自由と同様に、開かれた社会の多数派にとっては奇異に見えるかもしれない敬虔な生き方をする自由も含まれる。世俗国家とは、決して市民に無神論を強いる国家のことではない。肝心なのは、社会から本質主義的要素、均一で「純粋」な要素が少なくなるほど、他者と同じでなければならないという強制も弱まるということだ。

いま、包括的な開かれた社会を語る言葉は、どんどん空洞化するか、消え去ろうとしている。そんななか、我々は再び、多元的な社会に生きるとはどういうことかを、はっきりとさせねばならない。

共存に意義を――それも、豚肉を食べる人間にとってのみの意義ではなく、皆にとっての意義を――見出そうと思うなら、我々は複数性のための言葉、行為、イメージを見つけなければならない。常に可視的存在、望ましい存在とされてきた人間たちばかりでなく、これまでその経験や視点を黙殺されてきたその他の人間たちのための言葉、行為、イメージを。

多元的な社会にも、もちろん争いはあるだろう。さまざまな文化的、宗教的摩擦も、もちろんあるだろう。宗教上の要請と、多元的な世俗社会の側が信仰者に求める妥協とのあいだの争いには、普遍的な公式はない。必要なのは、個々の宗教行為をめぐる個々の争いをその都度具体的に観察し、慎重に考察することだ。なぜ、ある宗教にとって、この祭祀、この宗教行為が意味を持つのか。誰の権利がそのために傷つけられ、否定される恐れがあるのか。誰かに対する暴力は行使されるか。この宗教行為を禁止する法的根拠はあるか。世俗社会において、宗教行為が認められる根拠はなにか、制限を受ける、または禁止される根拠はなにかという議論は、哲学的にも法的にも難解なものだ。信教の自由の限界、世俗主義および民主主義と宗教との関係は、いま緊急に議論されねばならない問題だ。確かに困難な道のりになるだろう。基本法と相容れないという理由で法的に禁止される行為や祭祀も出てくるだろう（たとえば未成年者の強制結婚など）。だがこうした議論の過程は、民主主義の核を成すものだ。それは民主主義を脅かすのではなく、開かれた議論を通した学びの過程としての民主主義を確立するものだ。その前提となるのは、信仰者のひとりひとりが、自身の信仰のみならず、多元的世俗社会に対してもまた帰属意識を持つことだ。信仰者のひとりひとりが、普遍化することのできない特殊な価値観と、どのような信仰や信条を持つかにかかわらず誰にも適用される基本法の規範とを区別できるようになることだ。自らの生きる世俗社会が実際にどれほど世俗的であるのかと常に問い続け、たとえば法律のようななんらかの仕組みが、特定の宗教の信者や特定の宗教組織を不当に優遇していないかを確認することだ。こうした実践的かつ法哲学的な争いに耐え、適切な解決策を探るために必要なのは、民主主義のプロセスに対する一定の信頼のみである。

民主主義社会とは、動的で学習能力のある社会のことだ。そんな社会はまた、個人および集団の犯した間違いを認め、歴史的な不正を正し、互いに許し合う姿勢をも前提とする。民主主義とは単なる多数派の独裁ではない。選挙や諸々の決定が行われる場のみならず、皆で熟慮と協議を重ねる場を作り出すのが民主主義なのだ。民主主義とは、不公正を常に修正することを可能にし、義務ともする社会秩序のことだ。そのためには、間違いを認め得る文化も必要となる。すなわち、軽蔑ではなく、互いへの好奇心に裏付けられた、開かれた議論の文化である。自身の思想と行為とに間違いを認めることとは、政治活動家にとってはもちろん、メディアや市民社会の構成員にとっても重要なことだ。そしてその間違いを互いに許し合うこともまた、生きた民主主義の道徳的価値観のひとつだ。だが残念なことに、ソーシャルネットワーク内でのコミュニケーション方法といった構造的条件が、間違いを認め、互いに許し合うことのできる議論文化をますます困難にしつつある。

作家のインゲボルク・バッハマンは、フランクフルト大学での詩学講義で、思索について次のように述べている。「いまのところまだ方向性を与えられていない思索。認識を求め、言葉とともに、言葉を通してなにかにたどり着こうとする思索。我々はとりあえずはそれを、現実と呼ぼう」[6]。この言葉は、民主的な社会と文化にも当てはまる。そこは、常にあらかじめ方向性が指示され、周知された場ではなく、開かれた自己批判的な思考と議論が可能であり、義務でもある場だ。公の議論が先鋭化、過激化すればするほど、いまだ方向性を与えられていない思索を試みるのは難しくなる。だが必要なのは、まさに認識の探求である。イデオロギーに凝り固まったルサンチマンによって曇らされていない現実の探求である。誰もがそれに参加することができる。民主主義には特別な参加資格などない。哲学者マルティン・ザールはこう書いている。「政治的自由と、自由への民主主義的な欲求は、誰もが持っている。最初から自由を与えられていない者たちでさえ」[7]。

＊

出身国がさまざまな人たちの、さまざまな歴史的、政治的経験や記憶をまとめるのは、確かに難しいだろう。それは、争いの潜在的な源として、無視できない事実だ。ここで重要になるのは、ナチズムの罪を警告として記憶することのような、道徳的、政治的に不変の姿勢を、新たに説明し、根拠づけることである。それは、ホロコーストに直接かかわりのない一族出身の者にとっても同様だ。移民もまた、この歴史的事実と——この国の歴史のおぞましい一面と——向き合わねばならない。その際には、彼らに歴史を記憶することを単に強いるのではなく、なぜそれが誰にとっても重要なのかを説明することが必要だ。移民たちは、政治的、道徳的にこの国の歴史と向き合い、それを自身の歴史ととらえる可能性を与えられねばならない——もちろん、自身または家族が直接かかわっていない限りは、罪と恥の意識は抜きで。この国の歴史は、移民たちのそれでもある。なぜなら彼らはこの国に暮らす、この国の国民なのだから。ホロコーストの記憶を拒むことは、政治的言説とこの国の民主主義から自身を締め出すことだ。

「記憶も歴史との関わりもすべて、望みに、すなわち未来に向けられたなにかに影響を受けていないものはない」と、フランスの美術史家・哲学者ジョルジュ・ディディ゠ユベルマンは、『レトル』誌でのインタヴューで述べている(8)。過去と同時に未来へも向けられるこの記憶の二重の方向性を、我々は意識せねばならない。歴史のおぞましい遺産からさえ前向きな課題を見つけ出すことのできる記憶のみが、影響力を持ち、生き続けるのである。なんらかの個人または集団が「異質」「不純」として排斥されることのない包括的な社会を作るという希望を、何度でも新たに表明する記憶の文化のみが。排斥と暴力のメカニズムに現在においてもやはり目を光らせる記憶のみが、時の流れのなかで意味を失うことなしに生き続けるのである。

だが、記憶されている歴史的経験と、そこに社会的、政治的な課題を見出す現在とが、どんどん乖離していく場合は、どうすればいいのだろう。個人的な記憶を持つ歴史の目撃者と、歴史を話で聞いて知るのみの子孫や、歴史の被害者とならなかった者たちとの距離は、どんどん開いていく。開いていくのは年齢の差ばかりではなく、経験の差、つまり身をもって体験したことと理解したこととの差でもある。ナチズムの犯罪の記憶を未来まで保ち続けると同時に、それが現実感を失わないようにするには、どうすればいいのか。これらの問いにとりわけ切実に直面しているのは、ユダヤ人だ——だがこれらは、この社会に生きる全員に関わる問いでもある。これらの問いが無視できないものになったのは、シリア難民の流入によって移民社会の道徳的規範が一層注視されるようになったせいばかりではない。右翼ポピュリズムによる報復主義的な言説や、ユダヤ人に対する公然の暴力的攻撃によっても、これらの問題は浮かび上がってくる。決してシリア人またはザクセン人をひとまとめにして反ユダヤ主義の疑いをかけてはならない。だが、記憶の文化のなかで育ってこなかった人たち、または記憶の文化を押し付けだと感じる人たちに、記憶することの意義をどう伝えたらいいのかと問うことは重要である。

当然のことながら、シリア人難民が我が国に持ち込むイスラエル国家に対する経験と見方は、我々のそれとはまったく違うものだ。ホロコーストの歴史がなにを意味するのか、そこにどれほどの痛みとトラウマが伴うのかは、この国で思われているほどには、国外では知られていない。だからこそ、この国でどのような犯罪が行われたか、その罪の遺産と課題がどのようにその後の世代にも受け継がれているかを、説明することが必要になる。アウシュヴィッツの記憶に期限はない。それゆえこの歴史は、より現代的かつ教育的な方法で語り継がれねばならない。歴史とは、健全な好奇心をもって、相手の立場に立って考えながら、自分自身で学ぶことができるものなのだと伝えていかねばならない。博物館や文化施設における多くの素晴らしい例が示すとおり、若い世代がナチズムの歴史と創造的かつ真剣に向き合うことができるよう、促すことは可能である。こういった活動をこれまでよりもさらに強く支援し、特に歴史的、文化的に別の価値観で歴史と向き合う人々のための方法を発展させていかねばならない。

その前提となるのは、過去の罪の特別な深さのみに意識を向けるのではなく、現代において、難民たちがどのような傷を語るのか、その語りにどのような記憶が宿されているのかに、積極的に耳を傾けることである。誰も他者の話を聞こうとしなければ、なにも始まらない。難民たちもまた、自身の記憶、自身の不安を語ることができる環境がなければ、なにも始まらない。耳を傾けるとは、聞いたことすべてに賛成することではない。ただ、相手がどこから来たのか、どのような視点が別の価値観を生み出すのかを、理解しようと試みることだ。我々の社会がどうあるべきか、どうあってほしいかの答えは、こういった時代をまたぐ多面的な語りが可能かどうか、可能になるためにはどうしたらいいかという問いのなかに見つかるだろう。そして、そんな開かれた多面的な語りを、人権尊重と世俗主義という普遍的な価値観のなかに確立することができるかという問いのなかに。(9)

こういった課題は、決して新しいものではない。歴史的な罪の経験と、戦争と暴力という極端な権利はく奪および虐待を受けてきた人たちの視点と苦しみ、この両者を省察することは、現代ドイツのような移民社会において繰り返し浮かび上がる課題である。旧ユーゴスラヴィア出身者の経験や視点は、もうとうにドイツの記憶の一部となっている。トルコやクルド人自治区、アルメニアやその他多くの地域出身の人々の経験や視点も、黒人ドイツ人のポスト植民地時代の記憶も同様だ。多元的な社会に生きるとは、こういったさまざまな記憶と経験が語られ、公然と扱われることを、まずは認め、受け入れることである。多元的な社会に生きるとは、何十年にもわたる移民の歴史を経たいまになって、ためらいがちに「ドイツは移民社会だ」と口に出すことではない。多元的な社会に生きるとは、移民社会が現実にはどういうものなのか、身をもって理解することである。移民やその子孫が公的な議論の対象でしかなかった時代は、はっきりと終わりを告げた。これから来るのは、この国へやってきた移民や難民が、公的な議論の主体でもあることが当然の時代である。それには、視点の複数化が必要になる。すなわち、自身の知覚パターンと、文化的行為や信条の元となる知の基準とを、批判的に問い直すことだ。多元的な社会に生きるとはまた、ヨーロッパに入ってきたのが遅かったというだけの理由で価値が劣るとされる知識のこともまた、真剣に受け止めることである。こうした知識、こうした視点は、これまで学校教育では取り上げられてこなかった。ヨーロッパ以外の地域の文学史、芸術史、文化史はこれまで、驚くほどないがしろにされてきた。[10] このように偏向した学校教育は、グローバル化した世界と移民社会の現実が突き付ける要請に、応えることができずにいる。偏狭な視野を打ち破る個々の試みはある。ヨーロッパ外の作家の作品を教材として取り上げる学校や教師も多い。だが、まだ充分ではない。ビューヒナーやヴィーラントの作品を教材から外す必要はないが、それらと並んで、オルハン・パムクやダニー・ラフェリエールやテレツィア・モーラやスラヴェンカ・ドラクリッチなど、ドイツ以外の国にルーツを持つ作家の作品もまた、学校の授業で読まれるべきだろう。彼らの作品は、移民家庭の子供たちにとっては、両親や祖父母の体験の一端を認識し、それらにより大きな価値を見出すのに役立つかもしれない。それは重要なことだ。だがこれらの作品はなにより、移民家庭出身ではない子供たちにとって重要な意味を持つ。なぜなら、これらの文学からは、身近なもの、慣れ親しんだものを越えたところにある新しい世界を想像、発見することを学べるからだ。また、これらを読むことは、ものの見方を変え、他者の立場に立って考える練習にもなる。

役所や公的機関（警察、住民局、司法機関）においてもまた、視点の複数化のためのさらなる努力が必要とされる。すでに職員の多様化への努力は、部分的には目に見える成果を出している。公的機関や企業が多様な人材を採用することは、単なる政治的なポーズではなく、若者たちにこれまでとはまったく違う現実的な将来像を提示することでもある。人材の多様化はまた、指針となる手本や役割像の多様化にもつながる。役所や公的機関は、社会の自己像でもある。誰が国家を代表することを許されるのか、誰が制限を受けることなく社会の一員として生きられるのかが、公的機関の構成員を見れば明らかになるからだ。公的機関の職員がより多彩になるほど、認知と平等という民主主義的理想の信ぴょう性も高まる。

フランスの哲学者ミシェル・フーコーは、『自己と他者の統治』と題する書籍にまとめられた一九八三年の講義において、ギリシア語の「パレーシア」という概念をもとに、「真理を語ること」について考察している。[11] 本来「パレーシア」とは、単に言論の自由のことである。だがフーコーは「パレーシア」を、権力者の意見や立場を批判して「真理を語ること」という意味に発展させた。その際、フーコーが重視したのは、語られる言葉の内容——すなわち語られているのが真理であるという事実——のみではなく、ものごとがどう語られるかという手法だった。フーコーにとっての「パレーシア」には、多くの前提がある。まず、単に真理を口にするだけでは十分ではない。「パレーシア」は、実際に真理を意味してもいなければならない。すなわち語る者は、真理を語るのみならず、それが真理であると本当に信じていなければならないのだ。「パレーシア」には操作、捏造の意図があってはならない。発言は真理であるのみならず、誠実でもなければならない。この点で「パレーシア」は、今日の民族主義運動と右翼ポピュリスト政党で頻繁に聞かれる不誠実な公言とは異なる。イスラム教徒に悪意はない、しかし……。亡命者の庇護権に手をつけるつもりはない、しかし……。憎しみも暴力も拒絶する、しかし意見を言う権利くらいはあるのではないか……こういった発言は、「パレーシア」とはなんの関係もない。

さらに「パレーシア」は、特定の権力構図を前提とする。真理を語る者とは、「専制君主に対して本当のことを語る者」なのだと、フーコーは定義する。「パレーシア」は常に、語る権利やステイタスのない者が語るという行為と結びついている。すなわち、語る者は、語ることで危険を冒しているのだ。もちろん、我々の社会には古典的な意味での専制君主はいない。だがそれでも「パレーシア」は必要である。エリック・ガーナーの「今日で終わりにしよう」という言葉は、「パレーシア」が現代社会にどう響くかを浮き彫りにする。自分自身のために、または社会に属することを拒まれた他者のために言葉を口にするには、勇気がいる。現代社会の「パレーシア」が向かうべき相手は、有言無言の権力構造である。移民を拒絶し誹謗する憎しみの構図であり、黒人をまるで血肉を備えた人間ではないかのように見過ごす視線であり、イスラム教徒への絶え間ない疑念であり、女性を不利な立場に置くメカニズムや慣習であり、同性愛者やバイセクシュアルやトランスジェンダーがほかの者たちと同じように結婚して家庭を築く権利を奪う法律であり、ユダヤ人を再び孤立させ、彼らに烙印を押すあらゆる排斥と軽視のメカニズムである。現代の「パレーシア」はまた、社会的に困難な状況で生きねばならない人々を不可視の存在にする視線に対しても向けられねばならない。宗教的または文化的な信条のせいではなく、単に貧しいから、失業者だからという理由で排斥される人たちのことだ。高い失業率は構造的な問題であると誰もが知っている今日にいたっても、いまだに仕事を通して自身を定義する社会において、彼らは不当に蔑視されている。彼らの名において、彼らを可視の存在とするためにも、「パレーシア」は社会階層というタブーに向けられる必要がある。現状では、特定の人々が政治的、社会的に「厄介者」の烙印を押されているばかりではない。社会階層というカテゴリーそのものが、まるで存在しないかのように無視されている。他者の烙印を押されて排斥される人たちがいる一方で、貧困者または失業者は、社会階層としては存在しないかのように扱われる。このように社会的な不公正の存在自体が否定されることで、貧しく困難な状況に生きる人たちは、自身の状況を個人的なもの、自身の責任に帰するものだと誤解することになる。

イスラエルの社会学者エヴァ・イルーズの指摘によれば、「パレーシア」が向けられる方向または相手はひとつとは限らない。異なるいくつもの権力構造に対して同時に抵抗しなければならない歴史的状況もあるからだ。(12) つまり、「パレーシア」は場合によっては国家とその排斥的な言説、政治権力や党にのみ向けられるのではなく、語る者自身が身を置く社会的環境、すなわち家族、友人、信者仲間、政治活動などにも向けられる。そういった場においても、ときには排斥的な基準や自分勝手なルサンチマンに対する勇気ある異議を唱えることが必要になるのだ。その際に必要なのは、自身を実際の、または妄想上の犠牲者の立場、すなわち排斥される集団の側に置くのではなく、自身の属する集団のなかにも排斥的な、他者に烙印を押す教条や行為があるのではないか、自身の周囲にも憎しみと蔑視の元となる固定化した知覚パターンが形成されているのではないかと目を光らせることだ。異議を唱えることはあらゆる場所で必要であると、イルーズは述べる。

フーコーの「パレーシア」は、憎しみとファナティズムにどう抵抗すべきかという問題に示唆を与えてくれる。主体性を奪われた人たち、皮膚や身体や恥の感覚を尊重されない人たち、平等な人間ではなく、「反社会的」「非生産的」「無価値」な生き物、「倒錯者」「犯罪者」「病人」、宗教的または民族的に「不純」「不自然」な人間に分類され、人間性を奪われる者たち――彼ら全員を、再び個人として普遍的な「我々」のなかに組み入れなければならない。

その前提となるのは、何十年にもわたって受け継がれ、慣習化されてきた歪曲と烙印、連想の鎖を断ち切ることだ。個人を集団と、集団を特定の特徴や侮蔑的な性質と結びつける知覚パターンを破壊することだ。「社会的な摩擦の振付は、語りという前線沿いに行われる」――アルブレヒト・コショルケは、『真理と発明』でそう書いている。この意味で重要なのは、自身の言葉と行動によってこの振付を妨害することである。[13] 本書の「憎しみと蔑視 1」で述べたように、憎しみのパターンは現実を狭義にとらえた言説のなかで形成される。そうして個人や集団が、彼らを貶める特性とのみ結び付けられるようになる。「異質」「怠惰」「動物的」「道徳的に退廃している」「わけがわからない」「忠誠心がない」「性的に放埒」「不正直」「攻撃的」「病的」「倒錯的」「性欲過剰」「不感症」「不信心」「無神論者」「不誠実」「罪深い」「悪影響を与える」「退廃した」「反社会的」「非国民」「非男性的」「非女性的」「破壊分子」「テロ容疑者」「犯罪者」「旧弊」「穢れている」「だらしがない」「弱い」「意志がない」「従順」「人心を惑わす」「まやかし」「守銭奴」などなど。

このようにして、延々と繰り返される連想の鎖が、間違った確信として植えつけられる。そしてメディアで繰り返し発信され、物語や映画といったフィクションによって固定化し、インターネットはもちろん公的機関によっても再生産されていく。たとえば、教師がギムナジウムに進学できる生徒と進学できない生徒を選別する場合などに。間違ったイメージは、人物を見極める際にも本能的に、または意識的に固定化され、従業員の採用などの場で、特定の応募者は面接に呼ばれないといった具体的な形で表れる。

想像力の欠如は、平等と解放の手ごわい敵である——そして、必要とされる「パレーシア」とは、想像力の地平を再び拡大することである。誰もが参加できる社会的、政治的な場、民主主義的な場もまた、人に向けられ、人を認める言説やイメージから始まる。単純なもの、純粋なものを奉じるファナティックな教条に対抗するための差異化は、まさにそこから出発するのだ。すなわち陰謀論的妄想、集団に対する決めつけ、教条的ルサンチマンによる乱暴な一般化に、正確な観察で対抗することから。「正確に観察するとは、細分化することである」とヘルタ・ミュラーは言う。現実を狭める知覚パターンもまた、細分化され、解体されねばならない。個人を集団全体の象徴としてのみとらえる間違った一般化も、細分化されねばならない。再び個人ひとりひとりと彼らの行動が認識されるようになるために。そして、人を排斥するための合言葉や呼び名も、破壊され、変化させられねばならない。

再記号化の試み、すなわち固定化した概念や行為の意味を問い直し、変換する試みには、長い伝統がある。憎しみと蔑視への抵抗手段としての詩もまた、その伝統に連なるものであることは間違いない。アフリカ系アメリカ人の公民権運動はもちろん、同性愛者、両性愛者、クィアの解放運動にもまた、アイロニーに満ちた実践的な再記号化の試みの例が数多くある。憎しみと蔑視に対する「パレーシア」の、現代における創造的で愉快な一例が、「ヘイト・ポエトリー・スラム」だ。[14] 支配的な決めつけや烙印を打ち砕くには、多くの手段がある。憎しみのこだまへの抵抗手段は数多くあり、それらはまさにいま、ソーシャルメディアを使って積極的に拡散されるべきものだ。あらゆる手段が必要とされる。社会的、芸術的な介入、公的議論、教育と学校をめぐる政治的な措置、そして法律や条例。

*

フーコーによれば、「パレーシア」にはもうひとつの側面がある。「パレーシア」は権力を持つ専制的な相手にのみ向けられる（そして「真理をその相手の頭にたたきつける」）のではなく、真理を語る者自身にも向けられるのだ。私はこの点が特に気に入っている。まるで語る者が、真理を語りながら同時に自身に向かって語りかけ、自身と協定を結ぶかのようだからだ。強力な不正に対する「パレーシア」は常に、語る者が自身と強く結びつくことでもある。社会的、政治的な真理を口に出すとき、私もまた、その真理と結びついていると感じる。ここでフーコーが強調するのは、真理を語るという勇気ある行動は義務であるのみならず、語る者を自由と結びつけもするということだ。その自由とは、語ることによって現れ、実現するものだ。不正に対して「真理を語ること」が自由を実現する行動でもあるという事実は、天恵と言えよう。なぜなら、それは語る者たちが己自身とのあいだに、権力の疎外的な作用、排斥と烙印のメカニズムに対抗し得る協定を結ぶことを可能にするからだ。それゆえ、「パレーシア」とは決して一度きりの行為でも、孤立した行動でもない。語る者が自身と結ぶ協定は、個々の語る主体に持続的に作用し、彼らに語り続けることを義務付けるのである。

このことを一番よく知るのは、難民に対する人道的危機の際に立ち上がった無数の協力者たちだろう。市民運動を権力に対抗する「パレーシア」の一形式ととらえることは、一見すると意外かもしれない。だが、無数の市民たち——年配者、若者、難民を自宅に受け入れた家庭、勤務時間外に職務に就いた警官や消防士たち、難民のための講座を主催する教師や教育者たち、時間や食料や居住空間を提供した市民たち——皆が、社会の期待も行政規則もはるかに越える積極的な活動を見せた。彼らは難民の世話を国や地域行政に任せておけばいいとは考えなかった。むしろ、度重なる行政の不備や空白を、さまざまな活動によって、行政とは別の視点で補っていった。決して楽ではなかっただろうし、現在も楽ではないだろう。時間はもちろん、気力と勇気とが求められる活動だ。なぜなら、出会いは常に、心を豊かにしてくれる幸せな発見の可能性と同時に、理解できない、抵抗や嫌悪を感じるなにかを発見する可能性をも秘めているからだ。

私にとっては、市民のこういった社会活動は、「パレーシア」のひとつの形だ。なぜならそれは、どんどん大きくなる周囲の重圧と、多大な敵意や脅迫のなかで行われたものだからだ。難民収容施設の前はいまだに警備が必要だ。ボランティアたちは、いまだに罵られ、脅迫されている。この憎しみに立ち向かい、迷うことなく、自身が人道的な使命だと考えること、または人間として当然だと考えることをやり通すには、勇気がいる。心を病んだ難民や狂信的な教条に突き動かされた難民がテロ事件を起こすたびに、市民たちの難民援助活動は外部からのさらなる圧力と抗議にさらされる。それでも、援助と承認を必要としている人たち、他者の行為によって罰せられるべきではない人たちを変わらずに支え続けるには、非常な忍耐と、さらには自己への信頼とが必要だ。

想像の余地を再び取り戻すこともまた、憎しみに対する市民の抵抗のひとつだ。これまで本書で論じてきたことを考えれば意外かもしれないが、ルサンチマンと蔑視に対抗する戦術のひとつは、幸せの物語である。人を排斥し、人の権利を奪うさまざまな組織や権力構造を前にして、憎しみや蔑視に抗うためには、人が幸せをつかむさまざまな可能性、真に自由な人生を送るさまざまな可能性を取り戻すことが重要なのだ。専制君主に対する「パレーシア」とは常に、権力の抑圧的かつ生産的な仕組みに抵抗することである。それはすなわち、抑圧された者、自由を奪われた者、絶望した者の役に甘んじないことでもある。烙印を押され、排斥された者は、行動の可能性を制限されるだけでなく、ほかの者には当然のように与えられるものを自身のために要求するだけの力と勇気までをも奪われることが多い。社会に参加する権利のみならず、自身の幸せな人生を想像する権利もまた、誰にも与えられて当然のものだ。

だからこそ、世間の基準から外れていても幸せな生き方と愛し方の物語を語ることもまた、排斥と憎しみに抗う戦術のひとつなのだ。不幸と蔑視のあらゆる物語とは別の次元で、誰にでも幸せになる可能性があり、誰にでもそれを望む権利があることを示すために。世間一般の基準に合う者のみではなく、幸せの物語に触れることのできる白人のみではなく、生まれ持った身体に違和感を持たない者のみではなく、広告や法律が規格として示すとおりの愛し方をする者のみではなく、自由に動き回れる者のみではなく、「正しい」信仰、「正しい」身分証明書、「正しい」経歴、「正しい」性を持つ者のみではなく——誰にも幸せを望む権利はある。

「パレーシア」とはまた、語られる真理と協定を結ぶことでもある。すべての人間は同じではないが、同じ価値を持つ——それを信じるのみならず、はっきりと表明すること——圧力や憎しみに抗って、常に主張し続けることだ。それによって、この真理が少しずつでも、単なる詩的な想像ではなく、現実のものとなっていくように。

「権力とは常に潜在的可能性であり、力や強さのように不変のものでも計量可能なものでも信頼に足るものでもない」と、ハンナ・アーレントは『活動的生』のなかで述べている。「実際、権力（中略）を所有する者などいない。権力とは、共に行動する人間どうしのあいだに生まれるものであり、その人間たちがばらばらになれば、消滅するものだ[15]」。開かれた民主主義的な社会における「我々」

を描写するにも、これ以上的確で美しい表現はないだろう。「我々」とは常にひとつの潜在的可能性であり、不変のものでも、計量可能なものでも、信頼に足るものでもない。「我々」とは、誰かがひとりで定義するものではない。それは、共に行動する人間どうしのあいだに生まれるものであり、人間どうしが分裂すれば消滅する。憎しみに抗い、「我々」として共に話し合い、共に行動することこそが、建設的で穏健で勇気ある権力の一形式なのではなかろうか。

原註

はじめに

（1）人を自分たちとは異質のものとして区別し、烙印を押す有効な手段のひとつが、呼び名である。学問または政治活動の文脈で「区別」という問題に携わる人間の多くにとっては、この適切な呼称に関する言語政策上の議論こそが、重大な倫理的問題である。「黒人－白人」といった、一般に「当たり前」とされるカテゴリーでさえ、人種差別的な視点の反復に過ぎず、人を区別するものとして批判されねばならない。それゆえ、この問題をよりデリケートに扱うための数多くの言語的戦略がある。差別的呼称を使わない、または別の言葉に置換するといったものから、英語の呼称のみを使用する、さらには、様々な創造的呼称方法（たとえば、社会的なヒエラルキーを逆転させるため、「白」をweißと小文字で書き始め、「黒」はSchwarzと大文字で書き始める）まで。とはいえ、こういった言語政策上の選択肢は、往々にして世間一般の読み書き語りの習慣とはかけ離れている。一方では、まさにそれこそが政治の意図するところではある。結局のところ、変わるべきなのは習慣それ自体なのだから。だが一方では、一般的習慣からかけ離れているがゆえに、こういった新しい言葉の選択肢は、まさにそれが届くべき人たちになんの影響も及ぼさないという一面もある。いずれにせよ重要なのは、本文中で用いられる「黒人」「白人」という表現が、決して客観的な事実だと主張されることがあってはならないという点である。これらは客観的な事実ではなく、特定の歴史的文化的文脈における視点なのだ。誰がどのような権利で、どのような文脈で、どのような結果、「黒人」だと読み取られ、見られるのか。まさにこの点こそが、重要な論点なのである。歴史的に蓄積された視点、および人種差別の問題については、エリック・ガーナーについての章で詳述する。

（2）ジョルジョ・アガンベンも、「ホモ・サケル」という人物像について描写している。*Homo Sacer. Die souveräne Macht und das nackte Leben*, Frankfurt am Main 2002.〔ジョルジョ・アガンベン『ホモ・サケル——主権権力と剥き出しの生』高桑和巳訳、以文社、二〇〇三年〕

（3）ひとつの思考実験として、一度逆に考えてみよう。異性愛者を受け入れるのはやぶさかでない。だがどうして異性愛者はいつもこれ見よがしに異性愛者であることを誇示するのか。自分たちどうしで勝手に愛し合っている分には誰も不快になどならない。それなのにどうして結婚までしなければならないのだ？

（4）憎しみと暴力という形で（たとえば無差別殺人のように）表れる個人的な精神病理は、本書では取り上げない。憎悪が政治やイデオロギーに煽られる時代に、こういった精神状態が個々のケースでどの程度強まるのか、または表面化するのか、という問題は、それ自体ひとつの独立した研究対象である。

可視－不可視

（1）アクセル・ホネットの素晴らしい論文 "Unsichtbarkeit. Über die moralische Epistemologie von <Anerkennung>" 参照。*Unsichtbarkeit. Sationen einer Theorie der Intersubjektivität*, Frankfurt am Main 2003, S. 10-28.〔アクセル・ホネット『見えないこと——相互主体性理論の諸段階について』宮本真也・日暮雅夫・水上英徳訳、法政大学出版局、二〇一五年〕

（2）Claudia Rankine, *Citizen: An American Lyric*, Graywolf Press, 2014, p. 17.

（3）念のためはっきりさせておくが、我々も同じようにするべきだと勧めるつもりはない。この逸話はただ、シェイクスピアの描く時間的に限定された幻想としての恋を説明するためのものに過ぎない。

（4）こうして、ある感情の対象と「形式的な対象」とは区別されることになる。William Lyons, "Emotion" 参照。Sabine Döring (Hg.), *Philosophie der Gefühle*, Frankfurt am Main 2009, S. 83-110.

（5）Martha Nussbaum, *Politische Emotionen*, Berlin 2014, S. 471.

（6）ジャン＝ポール・サルトルや、アイリス・マリオン・ヤングも語るこの受け身のアイデンティティのモデルに関しては、以下の拙著において詳細に考察した。Carolin Emcke, *Kollektive Identitäten*, Frankfurt am Main 2000, S.100-138. 狂信主義のさまざまな形式や領域にこの理論をどこまで当てはめることができるかについては、さらに詳しくまた専門的な研究が必要となるが、本書ではそこまで踏み込むことはできない。

（7）Didier Eribon, *Rückkehr nach Reims*, Berlin 2016, S. 139.

(8) Jürgen Werner, *Tagesrationen*, Frankfurt am Main 2014, S. 220.

(9) ヤン＝ヴェルナー・ミュラー参照。「あらゆるポピュリストの合言葉は、おおよそ次のようなものだ。「我々は——我々だけが——真の民衆を代表するのだ」」*Was ist Populismus?*, Berlin 2016, S. 26.〔ヤン＝ヴェルナー・ミュラー『ポピュリズムとは何か』板橋拓己訳、岩波書店、二〇一七年〕ミュラーはまた、このスローガンの一語が変更され、「我々も民衆だ」となるだけで、どれほどの違いが生まれるだろうと書いている。

(10) この女性は、フランツ・ファノンの文章を思い出させる。「あらゆることが口に出された後では、その黒人の最初の反応が、自分を定義しようとする人間たちに「いやだ」と言うことであるのもうなずける」Franz Fanon, *Schwarze Haut, weiße Masken*, Wien 2013 / 2015, S. 33.〔フランツ・ファノン『黒い皮膚・白い仮面』海老坂武・加藤晴久訳、みすず書房、一九九八年〕

(11) Aurel Kolnai, *Ekel Hochmut Hass. Zur Phänomenologie feindlicher Gefühle*, Frankfurt am Main 2007, S. 102.

(12) Elaine Scarry, "Das schwierige Bild der Anderen", in: Friedrich Balke, Rebekka Habermas, Patrizia Nanz, Peter Sillem (Hg.), *Schwierige Fremdheit*, Frankfurt am Main 1993, S. 242.

(13) 彼らを表現するのに的確だと思える唯一の呼び方は、エリアス・カネッティが使う意味での「不穏な群衆」だ。「不穏な群衆とは、いまの自分以上の存在になることより大きな望みを持たない、怒りに駆られて興奮した人間たちの集団のことである」Elias Canetti, *Masse und Macht*, Frankfurt am Main 1980 / 2014, S. 109.〔エリアス・カネッティ『群集と権力』岩田行一訳、法政大学出版局、二〇一〇年〕

(14) *https://www.facebook.com/Döbeln-wehrt-sich-Meine-Stimme-gegen-Überfremdung-687521988023812/photos_stream?ref=page_internal*

(15) これらの画像、映像、コメントは、本書の執筆中にはまだウェブ上に存在した。

(16) *http://www.sz-online.de/sachsen/autoliv-schliesst-werk-in-doebeln-2646101.html*

(17) 最終的にクラウスニッツで立ち往生することになった「旅の楽しみ」社のバスは、その日シュネーベルクを出発して、フライベルクの外国人局経由でクラウスニッツへ向かった。デーベルンには立ち寄っていない。

(18) Aurel Kolnai, *Ekel Hochmut Hass*, S.132 f.

(19) Max Horkheimer / Theodor W. Adorno, *Dialektik der Aufklärung*, Frankfurt am Main 1989, S. 179.〔ホルクハイマー、アドルノ『啓蒙の弁証法——哲学的断想』徳永恂訳、岩波文庫、二〇〇七年〕

(20) Christoph Demmerling / Hilge Landweer, *Philosophie der Gefühle*, Stuttgart 2007, S. 296.

(21) ミュンヒの刑事課長もまた、二〇一六年六月、特筆すべき明晰さでこう警告している。「行為の前には言葉がある」

http://www.faz.net/aktuell/politik/inland/bka-chef-muench-im-interview-die-sprache-kommt-vor-der-tat-14268890.html

（22） Elaine Scarry, Das schwierige Bild der Anderen, in: Balke / Habermas / Nanz / Sillem (Hg.), *Schwierige Fremdheit*, Frankfurt 1993, S. 238.

（23） 反ユダヤ思想研究センターおよびドイツ歴史博物館によって催された「レッテル貼り」という名の展覧会では、古い偏見やモティーフから今日のイメージ戦略にまで続く一連の反ユダヤ主義または人種差別的レッテルが展示されている。一九二〇年代に黒人の「野蛮さ」を「警告」した「黒い恥辱」キャンペーンにおいては、巨大で不気味な人影がか弱い白人女性に襲い掛かる切手が製造された。現在まで繰り返されているのは、まさにこの「異邦人」（現在では「外国人」または「北アフリカ人」）による性的凌辱の危険性という人種差別的捏造のパターンである。

（24） こういった歴史上の出来事を現在の世界で新たに見直す際に厄介なのは、性暴力に対する意識がより高くなった現状が悪用され、都合のいい方向へと捻じ曲げられていることである。子供や女性に対する性暴力がようやく犯罪と見なされるようになり、無害化、矮小化されることのなくなった現代社会においては、人種差別的偏見（「女性の権利を侵す外国人」または「アラブ人男性」に対する煽られた恐怖）という不適切な思考パターンが、子供と女性への性暴力に対する適切かつ必要な批判意識と結びつく。それゆえ、「児童虐待者」に対する恐怖を煽ることが、極右派において非常に人気の高い方法なのである。そうすることで、社会で広く賛同を得ることができるからだ。もちろん、誰もが性暴力には反対だ。ただ、極右派においては、性暴力に対する警告が、なによりまず「アラブ人男性」または「黒人男性」への反感を強める目的に使われるのである。

（25） これは偶然ではなく、意識的なレトリック上の戦略である。一九八九年五月十四日に放送された番組「シュピーゲルTV」に、人種差別的イデオロギーを表面上取り繕う例が見られる。番組は、極右のドイツ国家民主党（NPD）党員のワークショップを追ったドキュメントだ。とあるセミナーで、「外国人問題」をテーマとした演説の練習があった。セミナーはロールプレイングゲーム方式で行われた。参加者のひとりが演説をし、ほかの参加者たちが異論や反論を唱えるというものだ。紛争地域の外国人には助けが必要なのでは、という質問に対して、演説をしたNPD党員はこう答えた。「……どうしようもない奴らですよ。もちろん、助けてやらなきゃなりません。でも、奴らを我々の社会の一員にしようとしても、どうにもならないんですよ……とにかく無理なんです。あいつらは別の人種で、特徴も違えば、生活様式も違う……」その後の教師役たちによる反省会で、戦略上の訂正が入った。「君はさっき「人種」と言ったね……これも、私ならああいう文脈では絶対に使わない言葉のひとつだ……君が言いたかったのは、「メンタリティの違い」ということだろう。それなのに、「人種」と言ってしまえば、すぐに左翼や（……聞き取れず……）メディアに……「人種差別主義者だ」と……」つまり批判されているのは、異なる「人種」なるものがあり、その「人種」に属する集団に特定の特徴があるという考え方そのものではなく、ただ単に「人種」という言葉なのだ。そんな言葉を発すれば人種差別主義者だという非難を受けるという理由で。現在の社会で用いられる言説がすべてきれいに整ったものであるのも、これで説明がつく。だが、その言説の中のイデオロギーはなにひとつ変わっていない。この番組の閲覧を許可してくれた「シュピーゲルＴＶ」資料部のマリア・グレッツとハルトムート・レルナーに感謝する。

(26)　こういった文脈では、警察までもが、敵視されるとはいかないまでも、権力に操られた、または混乱した無能な集団だととらえられている。明らかに警察官に向けられた、誰を支え、誰を守るべきかを主張する内容のスローガンもある。「民衆とは、お前たちの家族、お前たちの親戚、お前たちの友人、お前たちの隣人だ」というものだ。警察官が第一に守るべきは法治国家と、親戚や友人であるかどうかにかかわらず、そこに暮らす人間たちであるという事実は、どうやら通用しないようだ。

(27)　こういった画一的な言説においては、あらゆる差異化（とされるもの）も、相対的な疑念を正当化する手段としてしか通用しない。一例を挙げよう。さまざまな色のＭ＆Ｍチョコレートが入ったガラスの器がある。そこに大きな文字でこう書いてある。「すべての難民が犯罪者や悪人ではない」その下に、小さな文字でこうある。「ただ、想像してみてほしい。器のなかのＭ＆Ｍチョコレートのうち十パーセントが毒入りだとしたら。あなたはそこから一つかみ食べようと思いますか？」

(28)　たとえば『ゼツェッシオン』のような出版物もそのひとつだ。一見冷静で知的に見せており、実際にそうなのかもしれないが、それでもバスの車内の人たちに対する憎しみを育むのに必要なあらゆるテーマや解釈を提供している。Liane Bednarz / Christoph Giesa, *Gefährliche Bürger. Die Neue Rechte greift nach der Mitte*, München 2015 および Volker Weiß, *Deutschlands neue Rechte*, Paderborn 2011 および Küpper / Molthagen / Melzer / Zick (Hg.), *Wut, Verachtung, Abwertung. Rechtspopulismus in Deutschland*, Bonn 2015 を参照。

(29)　William McCants, *The ISIS Apocalypse: The History, Strategy, and Doomsday Vision of the Islamic State*, St. Martin's Press, 2015 は、ＩＳの歴史と戦略に関する素晴らしい分析のひとつだ。著者はツイッターでも積極的に発言している（@will_mccants）。

(30)　ＩＳのイデオロギーおよび戦略を記した指南書『野蛮性の管理』で、筆者であるアブー・バクル・ナージは、まるまる一章を割いて二極化戦略について語っている。本書はウィル・マカンツによって二〇〇六年に英訳されている。ＩＳのテロの根本にある教義を理解しようとする者にとっては必読である。ＩＳが目的とする西欧社会の二極化及び分断については、以下のサイトも参照。*http://understandingwar.org/sites/default/files/ISW%20ISIS%20RAMADAN%20FORECAST%202016.pdf*

(31) *http://www.focus.de/politik/videos/brauner-mob-in-clausnitz-dramatische-szenen-aus-clausnitz-fluechtlingsheim-frauen-und-kinder-voellig-verstoert_id_5303116.html*

(32) *https://www.youtube.com/watch?v=JpGxagKOkv8*

(33) ふたりの警官の名前は、後の捜査で初めて明らかになった。本書でこれらの名前を使うのは、エリック・ガーナーが死に至った過程をより詳細に描写するためである。

(34) エリック・ガーナーの最後の言葉はもとの英語では以下のとおり。Get away（不明瞭）for what? Every time you see me, you want to mess with me. I'm tired of it. It stops today. Why would you…? Everyone standing here will tell you I didn't do nothing. I did not sell nothing. Because every time you see me, you want to harass me. You want to stop me（不明瞭）selling cigarettes. I'm minding my business, officer, I'm minding my business（…）

この会話は *http://www.hiaw.org/garner/* でも聞くことができる。

(35) エリック・ガーナーはすでに以前、脱税煙草の販売とマリファナ所持で何度も逮捕されたことがあった。

(36) 原文では（ドイツ語訳でも同様）、「N」は頭文字のみならず、省略せずに一語まるまる書かれている〔おそらく「ニグロ」だと思われる〕。だが私はここでは意識的に、この語を書かないことにした。なぜなら、黒人作家の書いた言葉を白人である私が引用することで、この単語は別の文脈に置かれることになり、そのせいでこの語の意味がずれ、それが誰かを傷つけることになるかもしれないと考えるからだ。Franz Fanon, *Schwarze Haut, weiße Masken*, Wien / Berlin 2013-2015, S. 97.〔フランツ・ファノン『黒い皮膚・白い仮面』〕

(37) 特に示唆に富むのは、以下の論文である。Judith Butler, "Endangered / Endangering: Schematic Racism and White Paranoia" および Robert Gooding-Williams, "Look, a n..." in: Robert Gooding-Williams ed., *Reading Rodney King, Reading Urban Uprising*, Routledge, 1993, pp.15-23 および pp. 157-178.

(38) Elaine Scarry, "Das schwierige Bild der Anderen", S. 230.

(39) 検視局はまた、エリック・ガーナーが喘息を患っており、心臓が弱く、太りすぎだったことも、死を招く要因であったと述べている。

(40) Franz Fanon, *Schwarze Haut, weiße Masken*, S. 95.〔フランツ・ファノン『黒い皮膚・白い仮面』〕

(41) *http://www.nytimes.com/1994/12/30/nyregion/clash-over-a-football-ends-with-a-death-in-police-custoday.html*

（42） Ta-Nehisi Coates, *Zwischen mir und der Welt*, München 2016, S. 17.〔タナハシ・コーツ『世界と僕のあいだに』池田年穂訳、慶應義塾大学出版会、二〇一七年〕

（43） 同書 S.105.

（44） よりによって、五人の警官がアフガニスタンに従軍した元兵士で黒人のミカ・ジョンソンに射殺されたダラスでは、地域の警察が何年も前から、暴力の抑制に特に力を注いでいた。以下のリンクを参照。 *www.faz.net/aktuell/feuilleton/nach-den-polizistenmorden-ausgerechnet-dallas-14333684.html*

（45） ジョージ・ヤンシーはこの恐怖の経験を、『ニューヨーク・タイムズ』紙における「黒人哲学者であることの危険」というタイトルのインタヴューで、次のように語る。「黒人はアメリカ人としての〈我々〉ではなく、恐怖に駆られた他者なのです」 *https://opinionator.blogs.nytimes.com/2016/04/18/the-perils-of-being-a-black-philosopher/?smid=tw-nytopinion&smtyp=cur&_r=1*

（46） 私自身、これまで何人のレズビアンと取り違えられてきたかわからない。それも、私とはまったく似ていない女性たちと。

（47） 以下も参照。Mari J. Matsuda / Charles R. Lawrence III. / Richard Delgado / Kimberlè Williams Crenshaw ed., *Words that Wound. Critical Race Theory, Assaultive Speech, and the First Amendment*, Westview Press, 1993, p.13.

均一－自然－純粋

（1） Jacques Derrida, *Schibboleth*, Wien 2012, S. 49.〔ジャック・デリダ『シボレート――パウル・ツェランのために』飯吉光夫・小林康夫・守中高明訳、岩波書店、一九九〇年〕

（2） 行為や信条の違いは、信仰共同体どうしのあいだのみならず、それぞれの共同体の内部にも存在する。近代における信仰とは常に――あらゆる神学教義とは別の次元で――生きた信仰なのであり、そのため、いくつもの世代や地域にわたって、それぞれの教典や教義が規定する以上に多彩で動的なものである。基本的には、強制があってはならないという原則は信仰共同体にも当てはまる。つまり、既成の共同体のなかに生まれたが、共同体の規則を受け入れられない者、受け入れるつもりのない者には、脱退という選択肢がなければならない。すなわち、共同体の一員やその家族は、信仰を持つことができない、またはその意志のない場合、また、教義が重荷になったり、自立した主体としての彼らの権利が軽視されるような場合には、脱退する自由を持つべきである。信仰を持つことが許される（または持つことができる）ことと、信仰を持たなくてもいい（または持つことができない）ことは、同等に守られるべき個人の権利（または天分）である。ある信仰または信仰共同体への帰依が、強制されることがあってはならない。

（3） Tzvetan Todorow, *Die Eroberung Amerikas. Das Problem des Anderen*, Frankfurt am Main 1985, S. 177.〔ツヴェタン・トドロフ『他者の記号学――アメリカ大陸の征服』及川馥・大谷尚文・菊地良夫訳、法政大学出版局、一九八六年〕

（4） 誤解が生じる前に記しておくが、こういった区別のなかには、当然のことながら、多数派によって、すなわち国民投票または議会選挙などによって正当化されたものも多い。だが、だからといって、そこに潜む非リベラルで道徳的に疑わしい性質は変わらない。法治国家においては、民主的なプロセスを経た決定もまた、人権保障の観点から制限を受ける。

（5） 一方、リベラリズムはもう少し現実主義的で、国民はその主権を選ばれた代表者に委ねることになっている。ドイツ連邦共和国においては、国民の持つ国家権力は、基本法にあるとおり、「選挙および投票において、また行政および司法の特別の機関によってのみ行使される」（ドイツ連邦共和国基本法第二十条第二節）。民主主義的意思形成のコンセプトが拡大されることによって国民主権という概念が変革される過程については、以下も参照のこと。Jürgen Habermas, *Faktizität und Geltung*, Frankfurt am Main, 1992, S. 349-399.〔ユルゲン・ハーバーマス『事実性と妥当性――法と民主的法治国家の討議理論にかんする研究』（上下）未來社、二〇〇二―二〇〇三年〕

（6） "Das Imaginäre der Republik II: Der Körper der Nation" 参照。Koschorke / Lüdemann / Frank / Matala de Mazza, *Der fiktive Staat*, Frankfurt am Main 2007, S. 219-233 収録。

（7） スカーフの問題については、拙著 *Kollektive Identitäten*, Frankfurt am Main 2000, S. 280-285 でより詳しく考察した。

（8） 同書

（9） この素晴らしい言い回しは、以下のテキストから引用した。*http://www.sueddeutsche.de/kultur/alternative-fuer-deutschland-sprengstoff-1.2978532*

（10） 逆に、なぜ文化的な多様性が政治や民主主義にとって望ましいのみならず、経済的な利点をも持つのかについては、いくつかの研究がある。*http://www.nber.org/papers/w17640* または *https://www.americanprogress.org/issues/labor/news/2012/07/12/11900/the-top-10-economic-facts-of-diversity-in-the-workplace/* 参照。

（11） たとえば、「国民戦線」の党首マリーヌ・ルペンにとっては、「根源的な」「真の」フランスとは、少なくともEUへの参加以前を意味する。さらに望ましいのはド・ゴール時代のフランスだ。フランスは、EU（またはNATO）のなかに組み込まれているかぎりフランスではない、というわけである。だがなによりルペンは「真の」フランスを、フランス人イスラム教徒がまだ存在しなかった歴史的時代に求める。ルペンは、現代フランスの文化的、宗教的多様性を批判するとき、かつて――その定義がどうであれ――均一なアイデンティティを持った真に均一なフランス国民というものが存在したという前提から出発する。それゆえルペンにとっては、フランス国民としての権利を持つための決定的要因は、第五共和制の法に定められているとおりの出生地ではなく、出身なのである。

(12) Benedict Anderson, *Imagined Communities*, Verso, 1983 / 1991, p. 6.〔ベネディクト・アンダーソン『想像の共同体――ナショナリズムの起源と流行』白石さや・白石隆訳、NTT出版、一九九七年〕

(13) *http://www.spiegel.de/panorama/gesellschaft/pegida-anhaenger-hetzen-gegen-nationalspieler-auf-kinderschokolade-a-1093985.html*

(14) *http://www.antidiskriminierungsstelle.de/SharedDocs/Downloads/DE/publikationen/forschungsprojekt_diskriminierung_im_alltag.pdf?__blob=publicationFile*

(15) アレクサンダー・ガウラントへのインタヴュー "Boateng will jeder haben".『シュピーゲル』23 / 2016 S. 37 収録。

(16) 排斥や誹謗のテクニックのなかでことのほか重要なのが人間を描写する呼称であることを、ここでもう一度明確に記しておきたい。学問的および政治的な分野で排斥と受容の問題に取り組む人の多くにとっては、適切かつより包括的な呼称をめぐる言語政策上の議論は非常に重要である。「男性‐女性」といったいわゆる「当たり前」とされるカテゴリーにも、倫理上および言語政策上の問題が存在する。なぜならそれは、本来なら反省され、批判されるべきレッテルと二極性との反復に過ぎないからだ。それゆえ現在では、適切な呼称または表記を探す非常に多彩な言語上の提案が存在する（たとえばあらゆる性を可視化する戦略があり、それが多様な表記方法によって示される。「／」を使った二重表記や、男性を示す語尾 er と女性を示す語尾 in を大文字の I でつなげる二重表記〔たとえば男性および女性の教師たち〈複数形〉を表すには、男性教師たち Lehrer と女性教師たち Lehrerinnen をつなげて、LehrerInnen と表記する〕。また、呼称から性別の要素を取り除き、性別がわからないようにすると同時に、性別は男女のふたつのみだという標準を否定する戦略もある）。ここでも私にとって重要なのは、本書で使われる「男性‐女性」という概念が天与の客観的なものではなく、常に歴史的、文化的に形成されてきた形式であることを、明確にすることである。誰がどのような権利で特定の領域において「男性」または「女性」と見られ、扱われるのか――まさにそれこそがさまざまな議論を喚起する問題なのであり、この章で扱われるテーマなのである。私が本書で使用する言い回しや呼称が、すべての人を尊重したものであると同時に、理解しやすいものでもあることを願う。

(17) トゥッケ・ロワイヤルとマリア・ザビーネ・アウクシュタインに感謝したい。ふたりは私の質問に辛抱強く答え、個人的なことがらまで率直に打ち明け、根本的で建設的な批判をしてくれた。当然のことながら、以降の本文に間違いや欠陥があった場合、その責任は私ひとりにある。

(18) 性的な身体の成立については、以下の文献に詳しい。Claudia Honegger, *Die Ordnung der Geschlechter*, Frankfut am Main 1991; Thomas Laqueur, *Auf den Leib geschrieben*, Frankfurt am Main 1992; Barbara Duden, *Geschichte unter der Haut*, Stuttgart 1991〔バーバラ・ドゥーデン『女の皮膚の下——十八世紀のある医師とその患者たち』井上茂子訳、藤原書店、二〇〇一年〕. 社会的文化的存在としての性という概念については以下を参照。Andrea Maihofer, *Geschlecht als Existenzweise*, Frankfurt am Main 1995.

(19) Siehe zu der Frage wie "Differenz im Verhältnis zu Macht-und Herrschaftsverhältnissen gedacht werden kann", Quaestio / Nico J. Beger / Sabine Hark / Antke Engel / Corinna Genschel / Eva Schafer (Hg.) , *Queering Demokratie*, Berlin 2000.

(20) 二つ目の描写については以下の文献を参照。Stefan Hirschauer, *Die soziale Konstruktion der Transsexualität. Über die Medizin und den Geschlechtswechsel*, Frankfurt am Main 1993 / 2015.

(21) さらに詳しく描写してみよう。読者を少々驚かせることになるかもしれないが、トランスジェンダーのなかには、生まれ持った性を「間違っている」「嫌だ」と感じていない人間もいる。それどころか、生まれ持った性を快適で適切だと感じる人間もいる。彼らが適切でないと感じるのは、その性を「明らかに（一義的に）女性」「明らかに（一義的に）男性」だとする解釈である。

(22) 以下の文献も参照。Andrea Allerkamp, *Anruf, Adresse, Appell. Figuration der Kommunikation in Philosophie und Literatur*, Bielefeld 2005, S. 31-41.

(23) Mari J. Matsuda / Charles R. Lawrence III. / Richard Delgado / Kimberlè Williams Crenshaw ed. *Words that Wound. Critical Race Theory, Assaultive Speech, and the First Amendment*, Westview Press, 1993, p. 5.

(24) 「言葉によって傷つけられるとは、文脈を失うことを意味する。つまり、文字通り自分がどこにいるかわからなくなるのだ」と、ジュディス・バトラーは『憎しみは語る』で述べる。Judith Butler, *Hass spricht, Zur Politik des Performativen*, Berlin 1998, S. 12.〔ジュディス・バトラー『触発する言葉』竹村和子訳、岩波書店、二〇一五年〕

(25) 数字は以下の文献より引用した。Jacqueline Rose, "Who do you think you are?" in: *London Review of Books*, Vol. 38, No. 9（二〇一六年五月二日）収録。*http://www.lrb.co.uk/v38/n09/jacqueline-rose/who-do-you-think-you-are*

(26) 「パッカー」とはさまざまな種類の人工ペニス（ペニスプロテーゼ）のこと。「バインダー」とは、胸に巻き付けて、目立ちにくくするためのもの。知識を寛大に、ユーモアたっぷりに伝授してくれたラウラ・メリットに感謝したい。

(27) ちなみに、書類上の性または自身の身体を、自身の性的アイデンティティと一致させたいという望みは、性的嗜好とは無関係である。作家であり活動家でもあるジェニファー・フィニー・ボイランが述べるように、トランスセクシュアルとは「自分が誰と寝たいかの問題ではなく、自分がどんな人間として誰かと寝たいかの問題である」。Jacqueline Rose, "Who do you think you are?", *http://www.lrb.co.uk/v38/n09/jacqueline-rose/who-do-you-think-you-are* より引用。

(28) Paul B. Preciado, *Testo Junkie. Sex Drogen Biopolitik in der Ära der Pharmapornographie*, Berlin 2016, S. 149.

(29) Julian Carter, "Transition" 参照。*Posttranssexual. Key Concepts for a Twenty-First-Century Transgender Studies, TSQ, Vol.1, No.1-2*, Mai 2014, S. 235f 収録。

(30) Paul B. Preciado, *Testo Junkie*, S. 68f.

(31) 同書 S. 57.

(32) 条文は以下を参照。*http://www.gesetze-im-internet.de/tsg/BJNR016540980.html*

(33) 同。条文には、本人の「別の性への属性が今後変更されない可能性が高い」場合、という続きがある。

(34) *http://www.bundesverfassungsgericht.de/entscheidungen/rs20110111_1bvr329507.html*

(35) トランスセクシュアリティを病と見なすことに関する批判的議論については、以下を参照。Diana Demiel, "Was bedeuten DSM-IV und ICD-10?" in: Anne Alex (Hg.), *Stop Trans*Pathologisierung*, Neu-Ulm 2014, S.43-51 収録。

(36) Daniel Mendelsohn, *The Elusive Embrace: Desire and the Riddle of Identity*, Knopf, 1999, p. 25.

(37) 特に新右翼はこの一義性を重要視する。「「民族共同体」の厳格な反個人主義的、権威主義的、階層主義的構造において、性には個々人の社会的位置を決定する役割がある。男性らしさ、女性らしさを定義し、決定することは、共同体の内的結束を固める機能を持つ」Juliane Lang, "Familie und Vaterland in der Krise. Der extrem rechte Diskurs um Gender" より。Sabine Hark / Paula-Irene Villa (Hg.), *Anti-Genderismus. Sexualität und Geschlecht als Schauplätze aktueller politischer Auseinandersetzungen*, Bielefeld 2015, S. 169 収録。

(38) 不条理なことに、行政が求める心理学鑑定書の費用は自己負担である。だが、この鑑定書が「トランスセクシュアリティ」を認定すれば、ホルモン療法の費用は健康保険負担となる。ここには矛盾が見られる。法が「トランスセクシュアリティ」を病と見なすのなら、行政上求められる鑑定書の費用にも健康保険が適用されるべきだろう。

(39) 従来の性の基準から外れた人間に対する暴力が社会的に軽視されている状況については、以下を参照。Ines Pohlkamp, *Genderbashing. Diskriminierung und Gewalt an den Grenzen der Zweigeschlechtlichkeit*, Münster 2014.

(40) *http://www.sueddeutsche.de/politik/kolumne-orlando-1.3038967* も参照。

(41) Didier Eribon, *Rückkehr nach Reims*, Berlin 2016, S. 210f.

(42) *http://hatecrime.osce.org/germany?year=2014*

(43) トランスジェンダーに対する暴力を語る際に重要なのは、「ピープル・オブ・カラー」すなわち非白人のトランスジェンダーが特に危険にさらされている点である。反トランスジェンダーと人種差別は密接に結びついており、「ピープル・オブ・カラー」がさらされる二重の危険は決して見過ごされてはならない問題である。二〇一五年の最初の七週間にアメリカ合衆国で殺害されたトランスジェンダーの女性七人は、全員が「ピープル・オブ・カラー」であった。彼らが特に大きな危険にさらされるもうひとつの理由は、彼らの多くが社会から疎外されており、それゆえ仕事を見つけられず、結果として性産業に従事せざるを得ないことである。性産業において彼らは人権を踏みにじられ、残虐極まりない暴力の犠牲となりやすい。

(44) トランスフォビアの暴力の「理由」として非常によく挙げられるのが、被害者のトランスジェンダーが加害者に対して性を「ごまかした」というものである。こうして、暴力の被害者にその暴力の責任が押し付けられるのである。トランスフォビアの暴力を正当化する構造については、以下を参照。Talia Mae Bettcher, “Evil Deceivers and Make-Believers”, in: Susan Stryker/Aren Z. Aizura ed. *The Transgender Studies Reader Vol. 2*, New York, 2013, pp. 278-290.

(45) *http://www.dw.com/de/transgender-toilettenstreit-in-usa-auf-neuem-höhepunkt/a-19283386*

(46) *http://www.hrw.org/report/2016/03/23/do-you-see-how-much-im-suffering-here/abuse-against-transgender-women-us#290612*

(47) 一方で、本人が医学的な性転換手術を望む場合には――健康保険法の観点からも――鑑定書が意義を持つだろう。とはいえ、これは複雑な問題である。多くの性転換者にとって障害認定は受け入れがたいものだが、一方で、手術に伴う経済的な負担のほうをより深刻にとらえる者も多いからだ。

(48) Daniel Mendelsohn, *The Elusive Embrace*, p. 26.

(49) バタクラン劇場がユダヤ人の所有であったことが、テロの標的に選ばれた理由ではないかという推測がある。*http://www.lepoint.fr/societe/le-bataclan-une-cible-regulierement-visee-14-11-2015-1981544_23.php*

(50) しかも、彼らが本当に同性愛者なのか、間違って同性愛者だと見なされただけなのかさえ、はっきりとはしていない。

(51) *http://time.com/4144457/how-terrorists-kill/*

(52) Katajun Amirpur 参照。*https://www.blaetter.de/archiv/jahrgaenge/2015/januar/»islam-gleich-gewalt«* 収録。

(53) 映像を使った政治戦略に関しては、本書では深く掘り下げない。このテーマの詳細は、ジェイムズ・フォーリーのヴィデオに関する以下に収録された拙論を参照。 *http://www.deutscheakademie.de/de/auszeichnungen/johann-heinrich-merck-preis/carolin-emcke/dankrede*

(54) *http://www.nytimes.com/2014/12/29/us/politics/in-battle-to-defang-isis-us-targets-its-psychology-.html?_r=0.*

(55) *http://thedailyworld.com/opinion/columnist/terrorism-book*

(56) アル＝アドナニの声明の英語訳が以下で読める。 *https://pietervanostaeyen.com/category/al-adnani-2/*

(57) アル＝ザルカウィの役割については以下を参照。 Yassin Musharbash, *Die neue al-Qaida. Innenansichten eines lernenden Terror-Netzwerks*, Köln 2007, S. 54-61.

(58) 以下のリンクを記すのは、原典を示すためであって、決して閲覧を奨励するわけではない。この映像はＩＳのプロパガンダ用の材料であることを、事前にはっきりと警告しておく。本映像は未成年の閲覧には適していない。映像は残虐なシーンを含み、テロ国家であるＩＳを称揚するものである。 *http://www.liveleak.com/view?i=181_1406666485*

(59) *http://www.gatestoneinstitute.org/documents/baghdadi-caliph.pdf.*

(60) ＩＳのプロパガンダ映像には、国境の問題のみを扱ったものもある。「ブレイキング・ザ・ボーダーズ」と題した十二分間の映像だ。ＩＳが実際に国家に似た組織構造の構築にどの程度成功したかという議論は興味深い。これについてはヤシム・ムシャルバシュの素晴らしいブログにおける以下の記事も参照。 *http://blog.zeit.de/radikale-ansichten/2015/11/24/warum-der-is-die-weltordnung-nicht-gefahrdet/#more-1142*

(61) ファワズ・ジャジェスは、著書『Ｉｓｉｓ――ある歴史』のなかで、ＩＳの軍事組織の指揮官の三〇パーセントが、米国の脱バース党政策によって職を失ったかつてのイラク軍またはイラク警察の将校であると記している。 *http://www.nybooks.com/articles/2016/06/23/how-to-understand-isis/*

(62) アル＝バグダディの「ラマダン月におけるムジャヒディンとムスリム共同体へのメッセージ」より。 *http://www.gatestoneinstitute.org/documents/baghdadi-caliph.pdf.*

(63) ＩＳの独自の時代理解については、以下を参照。 Yassin Musharbash, “Grundkurs djihadistische Ideologie”, *http://blog.zeit.de/radikale-ansichten/2015/03/30/wie-tickt-der1/*

(64) 世界中のイスラム学者がＩＳによるイスラムの歪曲に抵抗しているように、イラクとシリアでは多くのスンニ派部族がＩＳへの忠誠を拒否している。ファワズ・ジャジェスによれば、自身の領土および外国における複雑な政治的社会的現実をアル＝バグダディは軽視しすぎていた。 *http://www.latimes.com/opinion/op-ed/la-oe-0417-gerges-islamicstate-theorists-20160417-story.*

html

（65） Mary Douglas, *Purity and Danger: An Analysis of Concepts of Pollution and Taboo*, London/ New York, 1966, p. 3.

（66） *http://www.independent.co.uk/news/world/middle-east/isis-executes-at-least-120-fighters-for-trying-to-flee-and-go-home-9947805.html*

（67） 以下のリンクからＰＤＦ版が読める。*http://www.liveleak.com/view?i=805_1404412169* 引用箇所は p. 14.

（68） 心理分析的な読み方をすれば、この清潔さへの傾倒は（極端な秩序好きとコントロール権喪失に対する不安も含めて）「肛門性格」に分類することができるかもしれない。ポピュリズムと清潔概念との関係――ＩＳとは無関係に――については以下を参照。Robert Pfaller, *Das schmutzige Heilige und die reine Vernunft. Symptome der Gegenwartskultur*, Frankfurt am Main 2008, S. 180-195.

（69） *The Magagement of Savagery, http://www.liveleak.com/view?i=805_1404412169*, p. 72.

（70） 引用はこの演説の第七項から取った。*https://pietervanostaeyen.files.wordpress.com/2014/12/say_i_am_on_clear_proof_from_my_lord-englishwww-islamicline-com.pdf.*

（71） *http://www.jerusalemonline.com/news/world-news/around-the-globe/isis-warns-refugees-dont-flee-to-europe-15954*

不純なものへの賛歌

（1） Annette Selig, Rainer Wieland (Hg.), *Diderots Enzyklopädie*, Berlin 2013, S. 157.

（2） Aleida Assmann, "Ähnlichkeit als Performanz. Ein neuer Zugang zu Identitätskonstruktionen und Empathie-Regimen", in: Anil Bhati / Dorothee Kimmich (Hg.), *Ähnlichkeit. Ein kulturtheoretisches Paradigma*, Konstanz 2015, S. 171

（3） Hannah Arendt, *Vita Activa oder Vom tätigen Leben*, München 1967 / 1981, S. 11.〔ハンナ・アーレント『活動的生』森一郎訳、みすず書房、二〇一五年〕

（4） 同書 S. 15.

（5） Jean-Luc Nancy, *Singulär Plural Sein*, Zürich 2004 / 2012, S. 61.〔ジャン＝リュック・ナンシー『複数にして単数の存在』加藤恵介訳、松籟社、二〇〇五年〕

（6） Ingeborg Bachmann, "Frankfurter Vorlesungen", in: Ingeborg Bachmann *Werke*, Bd. 4, München 1978 / 1993, S. 192f.

（7） Martin Saar, *Immanenz der Macht. Politische Theorie nach Spinoza*, Berlin 2013, S. 395.

（8）"Blickveränderungen", in: *Lettre* Nr. 109, Sommer 2015.

（9）ホロコーストの記憶が現代において担う特別な課題については、以下の拙論も参照。*http://www.sueddeutsche.de/politik/kolumne-erinnern-1.2840316* また、拙著 *Weil es sagbar ist. Zeugenschaft und Gerechtigkeit*, Frankfurt am Main 2013 でも詳しく論じている。

（10）その理由はおそらく、ほとんどの海外文学は原文で読むべきとされ、それゆえ外国語の授業で扱われてきたことであろう。国際文化史または世界文学という独自の科目を作るべきかどうかの考察が必要だろう。

（11）Michel Foucault, "Vorlesung 2"（一九八三年一月十二日の講義）. *Die Regierung des Selbst und der anderen*, Frankfurt am Main 2009, S. 63-104 所収。〔ミシェル・フーコー『自己と他者の統治　コレージュ・ド・フランス講義 1982-1983　ミシェル・フーコー講義集成XII』阿部崇訳、筑摩書房、二〇一〇年〕

（12）Eva Illouz, *Israel*, Berlin 2015, S. 7f.

（13）Albrecht Koschorke, *Wahrheit und Erfindung. Grundzüge einer allgemeinen Erzähltheorie*, Frankfurt am Main 2012, S. 20.

（14）「ヘイト・ポエトリー・スラム」は、憎しみと狂信主義に対してユーモアとアイロニーをもって「真理を語る」という、現代における非常に創造的な企画である。「ヘイト・ポエトリー・スラム」を創始し、発展させてきたのはエブル・タスデミル、ドリス・アクラプ、デニズ・ユセル、メリー・キヤク、ヤシン・ムシャルバシュというメンバーで、後にエズレム・ゲゼル、エズレム・トプス、ハスナイン・カジム、モハメド・アムヤヒドが加わった。この企画は、クラブや劇場において観客の前で催される。ジャーナリストたちが自身の記事に対して送られてきた読者からの手紙のうち、最も醜悪な「ヘイトレター」を選んで読み上げる。手紙はジャーナリスト個人に宛てられたもので、人種差別的、性差別的な罵詈雑言の羅列である。侮辱と誹謗（ちなみに、驚くほど稚拙なドイツ語で書かれていることが多い）、選民意識とイスラムに対する憎しみに満ちている。「ヘイト・ポエトリー・スラム」では、こういった手紙を、受取人が自ら読み上げる。彼らは手紙を編集室での沈黙から舞台の上へと引っ張り出し、そうすることで、こういった手紙を受け取った際に誰もが陥る無力感と憂鬱から自身をも救い出すのだ。彼らは憎しみの手紙を公開することによって、手紙というものが――たとえどれほどひどいヘイトレターであろうと――必然的に生み出す、書き手と受け取り手との一対一の関係を打ち壊す。彼らはこういった憎しみに、ひとりで耐えようとはしない。おとなしく我慢しようともしない。逆に、公衆を目撃者として、観客として巻き込もうとする。憎しみの無力な対象である状態から抜け出して、アイロニカルな朗読会を演出することで、人種差別を明るみに出し、その力を削ごうとする。「ヘイト・ポエトリー・スラム」の参加者たちは、主体と客体を効果的に逆転させることに成功している。それも、非常に賢明で愉快な方法で。朗読することによって、ジャーナリストたちの出自とされるもの、アイデンティティとされるもの、宗教、外見などはもはや憎しみの対象ではなくなり、逆に憎しみを綴ったテキストのほうが笑いの対象となるのだ。といっても、手紙の書き手が誹謗中傷されることはない。民族主義的、人種差別的な「いじめ」は怒りの対象ではない。手紙の書き手の言葉や行為は、笑いの対象になるのだ。そして、アイロニカルに異論を唱える手法はさらに発展していく。朗読会ばかりでなく、一種のパーティも催されるのだ。そこでは手紙を受け取ったジャーナリストたちが、「敬愛するF…さんへ、親愛なるケツの穴野郎へ」「定期購読解約」「大オペラ」「短く汚く」といった部門ごとに、受け取った手紙の醜悪さを競い合う。投票するのは観客だ。なんとも慎重を要する難しい試みではある。というのも、観客が舞台上で展開されるユーモアを通して笑うのは、本来面白くなどない、醜悪なだけのテキストだからだ。舞台で読み上げられる粗野な人種差別、反イスラム主義、性差別、人間蔑視は、恥と驚愕をもたらすものだ。言葉の暴力の嵐が、最初は観客席の全員にのしかかる。そして誰もが、こう自問する――こんな言葉を投げつけられたら、どんな気がするものだろう？　自分にもこんな言葉が向けられることがあるだろうか？　あっても不思議ではない。いったい自分はいま、どういった立場に立てばいいのだろう？　自分が手紙を受け取ったわけではない、無関係な聴衆の立場？　誰もがこう自問する――こんな言葉に、自分はどう対処すればいいのだろう？　この憎しみに？　これを笑うことには、どんな意味があるのだろう？　どんな反応をするのが適切なのだろう？　この企画が創造的な抵抗として成功しているのは、舞台上の笑いが観客にも感染していくからのみならず、日常に潜む人種差別、自身の社会的な立場、連帯の必要性という問題について、真剣な考察を促すからでもある。

(15)　Hannah Arendt, *Vita Activa*, S. 194.〔ハンナ・アーレント『活動的生』〕

訳者あとがき

「カロリン・エムケによる本書は、政治的、宗教的、文化的な対立が頻繁に会話を不可能にしてしまう時代における社会行動の模範である。エムケは会話が可能であることを証明してみせる。本書は、我々がこの課題に正面から取り組まねばならないことを訴えるものだ」

これは、カロリン・エムケが本書『憎しみに抗って』で二〇一六年ドイツ図書流通連盟平和賞を受賞した際の審査委員会の評だ。また、授賞式での祝辞のなかで、政治学者のセイラ・ベンハビブはこう語った。「カロリン・エムケは、他者の苦しみについてのみ書いてきたわけではありません。ジャーナリストとして、週に一度のコラムで定期的に、難民の置かれている困難な状況を指摘してきました。そうすることで、遠い異邦人が今日においては、思いがけず私たちの国にやってくることになった直接の隣人であること、私たちが彼らに対して特別な道徳的義務を負っていることを、思い出させてくれるのです」

ドイツ図書流通連盟平和賞は一九五〇年以来、毎年フランクフルトのブックメッセにおいて授与されてきた伝統あるもので、「文学、学術、芸術分野での活動を通して平和思想の実現に著しく貢献した人物」に与えられる。過去の受賞者にはマルティン・ヴァルザー、ジークフリート・レンツ、オルハン・パムク、スヴェトラーナ・アレクシエーヴィチ、スーザン・ソンタグ、マリオ・ヴァルガス＝リョサ、オクタビオ・パス、アストリッド・リンドグレーンといった名前が並ぶ。

この重要な賞の受賞者リストに名を連ねることになったカロリン・エムケは、一九六七年生まれ。ロンドン、フランクフルト、ハーヴァードの各大学で哲学、政治、歴史を専攻した後、ジャーナリストとして一九九八年から二〇一三年まで世界各地の紛争地を訪れ、ルポルタージュを執筆してきた。また、戦争被害者、ドイツ赤軍、性的マイノリティなど幅広いテーマにわたる書籍、数々の文化および社会活動で広く名を知られており、これまでにも多くの賞を受賞している。なかでも前述のドイツ図書流通連盟平和賞の受賞は大きな話題となり、本書『憎しみに抗って』はドイツじゅうで非常に広く読まれ、議論される本となった。何か月もベストセラーリストに載り続け、刊行から一年あまりで発行部数は十一万部を超える。さらに、日本語を含め十二か国語に翻訳されている。

本書がドイツでこれほど多くの読者を得て、大きな話題となったのは、著者の知名度、本の内容によるものであるのはもちろんのこと、二〇一六年という出版年とも決して無関係ではない。日本でもよく知られているとおり、二〇一六年は、メルケル首相が表明した難民受け入れによって入国してきた大勢の難民認定申請者に伴い、ドイツ社会にさまざまな面で激震が走っていた。

二〇一五年の大晦日には、本書でも触れられているとおり、ケルンはじめ複数の都市で集団による大規模な性暴行事件が発生した。ドイツの大晦日の夜は、さまざまな場所でカウントダウンの花火が上がり、大勢の人が繰り出してお祭り騒ぎをする。本来なら誰もが安心して楽しめるはずのそういった公共の場で千人を超える女性が被害に遭ったことが、社会に衝撃を与えた。そして加害者が主に北アフリカやアラブ圏の出身者であったこと、彼らのなかに難民認定申請者が多く混じっていたことから、ドイツ政府の難民政策に対する怒りと疑念が大きくなった。さらに、千件を超える被害届にもかかわらず、警察が被害をすぐには公表せず、大手マスコミまでもが数日後になるまで事件を報じなかったことが、政府の難民政策の不当な擁護であるとして激しい批判を呼んだ。本書の「憎しみと蔑視」の章で触れられている移民の犯罪とその報道の仕方というテーマは、この事件を念頭に置いたものだ。

そのわずか二か月半後、今度はドイツ市民が加害者となる事件が、国内のみならず世界中に衝撃を与えた。本書でも詳しく描かれている、ザクセン地方クラウスニッツでのバス進路妨害事件だ。この事件は二〇一六年二月に起こり、本書で具体的に説明されているヴィデオ映像がインターネット上で瞬く間に広がった。ほぼ時を同じくしてやはりザクセン地方のバウツェンで起こった難民宿泊施設への放火と並んで、ドイツ全土を震撼させ、激しい議論を巻き起こした。

複数のメディアが事件を「クラウスニッツの恥辱」と表現、多くの政治家もクラウスニッツ市民の振る舞いを「リンチ」だとして厳しく批判する一方で、管轄であるケムニッツの警察署長は記者会見で、バスの前に集まった人々を侮蔑的なジェスチャーで挑発した難民たちにも責任があると発言し、そういった身振りをした難民の刑事責任を追及する意思さえ示した。さらに、敵意を表明する人々のなかに出ていくことを嫌がった十四歳の少年を無理やりバスから降ろした現場の警官の行動についても、適切だったと擁護した。

事件は国会でも議題となり、特に難民にも責任の一端があるとする警察の発言は、「組織的人種差別」として批判された。この件はザクセン州議会においても議題となり、難民の刑事責任を追及するというケムニッツ署長の発言は公式に否定された。

逆に「バスの進路妨害に参加した疑いのある四人」が刑事告発され、強要罪で有罪判決を受けたことで、一件は事件としては終了となったが、一連の出来事によって浮き彫りになったドイツ社会に走る亀裂は、今日にいたるまで埋められていない。

次々に起きる難民関連の事件に加え、二〇一六年は、ドイツに暮らす者にとって日常生活でも難民の存在を感じる局面が増えていた時期だった。それゆえ、同年十月に出版された本書が、難民と難民に対するドイツ市民の姿勢をテーマにしたものだととらえられ、主にその点ばかりが議論の対象となったのは、必然だといえよう。著者が取り上げたあと三つの例、スタテンアイランドでのガーナー殺害事件に代表される人種差別も、性的マイノリティの差別も、ISの脅威も、大半のドイツ人にとっては当時はまだ切迫した問題ではなかったせいもあるだろう、議論の場では今日にいたるまで背景に追いやられている観がある。

だが一読すると明らかなように、著者はドイツでの難民問題と同様の、もしくはそれ以上の熱意で、人種差別問題および性的マイノリティの問題を取り上げている。出自にせよ、人種にせよ、性にせよ、「基準」に当てはまらない人間に対する、制度化され、内面化された「憎しみ」はどのように生まれるのか、それを克服するにはどうすればいいのか――「マイノリティ」問題を論じる際には、さまざまな切り口と立ち位置とがあるだろうが、本書は「多様な社会」の重要性とメリットとを強調し、民主主義社会の「あるべき姿」を訴えるという直球勝負に出ている。まっとうなことをまっとうにまっすぐに訴えた本書が、「社会行動の模範」として称賛され、平和賞を受賞するという事実そのものが、ドイツ現代社会の抱える深い危機を表しているように思えてならない。

蛇足になるかもしれないが、ドイツ在住の私が前回日本に一時帰国したのは二〇一七年九月、ドイツ総選挙の直前で、日本でもドイツの政治、社会状況、特に難民問題が大きな関心を呼んでいた。ドイツに住んでいるという理由で、私も頻繁にドイツの現状について尋ねられた。そのとき印象に残ったのは、多くの人がドイツに対して「世界の最後の良心」、メルケルに対しては「難民受け入れを敢行する人道主義者」といったイメージを持っていることだった。日々の暮らしのなかでは、さまざまな欠点のほうが長所より目につきやすいからだろうか、私自身はドイツに暮らす日本人として、ドイツという国とドイツ国民にそこまで崇高な印象を持っていないので、日本の友人知人の口から語られるドイツ像はある意味新鮮な驚きだった。決して、日本人の多くが持つ（マスコミなどの情報を介した）一般的なドイツ像が間違いで、現地で暮らす私のドイツ像が正しいという単純な話ではない。なかにいると逆に見えなくなる面もあるし、入ってこなくなる情報もある。

それを踏まえたうえでなお感じた違和感の理由は、ヨーロッパにおいては好むと好まざるとにかかわらず、私たちは差別「される」側にいるという事実を、（メディアも含めて）日本人の多くが自覚しているようには見えないことだった。人種であろうが、出自であろうが、性であろうが、「差別はいけない」ことは極言すれば誰もが知っているし、それに異を唱える人はまずいないだろう。しかし、差別「する」側からそれを言うのか、「される」側から言うのかでは、この言葉の意味は大きく変わってくる。私が日常生活において体験するドイツは、差別「される」側からのそれであるのに対し、日本の多くの人は、差別「する」側の（すなわち大多数のドイツ市民と同様の）目線でドイツという国とその状況を見ている印象があった。ドイツ社会のなかで外国人として暮らす私と、ドイツ社会を日本社会と重ね合わせ、比較しつつ外から見る日本在住の日本人とでは、視線の方向性が違ってくるのは、考えてみれば当然だ。

私が本書『憎しみに抗って』で最も共感を覚えたのが、著者エムケが性的マイノリティに属する一個人として差別「される」側の心理を描写した箇所であり、「される」側の人間たちに対して、被害者のままでいるな、幸せの物語を紡いでいくのだと呼びかける箇所だったのも、決して偶然ではないはずだ。「される」側の痛みを身をもって知るエムケも、移民問題、人種問題に関しては「ドイツ国民」として「白人」として、自動的に「する」側に属する。暮らす場所や社会的立場、属性などによって、差別する側に立つこともあればされる側に立つこともあるのは、世界中のほとんどの人間にとっても同様だろう。自分が無自覚に抱いているかもしれない「憎しみ」に気づき、それを分析し、克服することが重要であると同時に、自分が他者の（ときに無自覚な）「憎しみ」にさらされたときにどう対処するかもまた、切実で重要な問題だ。エムケが本書の終章で訴える「多様性」はおそらく、私たちが否応なく持つふたつの立場、二方向の視線を包括し、その差異を無効化するためのひとつの可能性なのだろうと思う。

最後に、校了直前の土壇場で本文中の英語の不明点を質問したところ、お忙しいなか丁寧に引用元まで調べ出してくださった英語翻訳家の近藤聡子さん、多大な熱意で編集にあたってくださったみすず書房の鈴木英果さんにお礼を申し上げたい。

二〇一八年一月

浅井晶子

著者略歴

(Carolin Emcke)

ジャーナリスト．1967年生まれ．ロンドン，フランクフルト，ハーヴァードの各大学にて哲学，政治，歴史を専攻．哲学博士．『シュピーゲル』『ツァイト』の記者として，世界各地の紛争地を取材．2014年よりフリージャーナリストとして多方面で活躍．著書に『なぜならそれは言葉にできるから』『イエスの意味はイエス，それから…』（以上みすず書房）ほか多数．『メディウム・マガジン』にて2010年年間最優秀ジャーナリストに選ばれたほか，レッシング賞（2015年），ドイツ図書流通連盟平和賞（2016年）をはじめ受賞多数．

訳者略歴

浅井晶子〈あさい・しょうこ〉 翻訳家．1973年生まれ．京都大学大学院人間・環境学研究科博士課程単位認定退学．訳書に，カロリン・エムケ『なぜならそれは言葉にできるから』『イエスの意味はイエス，それから…』（以上みすず書房），イリヤ・トロヤノフ『世界収集家』，パスカル・メルシエ『リスボンへの夜行列車』（以上早川書房），シュテン・ナドルニー『緩慢の発見』（白水社），トーマス・マン『トニオ・クレーガー』（光文社古典新訳文庫），エマヌエル・ベルクマン『トリック』，ローベルト・ゼーターラー『ある一生』（以上新潮社），ユーディト・タシュラー『国語教師』（集英社），トーマス・ブルスィヒ『太陽通り　ゾンネンアレー』（三修社）ほか多数．

カロリン・エムケ
憎しみに抗って
不純なものへの賛歌
浅井晶子訳

2018年 3 月 15 日　第 1 刷発行
2021年 1 月 14 日　第 5 刷発行

発行所 株式会社 みすず書房
〒113-0033 東京都文京区本郷 2 丁目 20-7
電話 03-3814-0131(営業) 03-3815-9181(編集)
www.msz.co.jp

本文組版 キャップス
本文印刷所 萩原印刷
扉・表紙・カバー印刷所 リヒトプランニング
製本所 誠製本

ISBN 978-4-622-08670-3
[にくしみにあらがって]